Jeanne Rubner

Brüsseler Spritzen

Korruption, Lobbyismus und die Finanzen der EU

Verlag C.H.Beck

Originalausgabe

© Verlag C. H. Beck oHG, München 2009
Gesamtherstellung: Druckerei C. H. Beck, Nördlingen
Umschlagentwurf: malsyteufel, Willich
Umschlagabbildung: fotolia/Pea Pop
Printed in Germany
ISBN 978 3 406 58452 7
www.beck.de

Inhalt

Einleitung 7

Die Finanzen der EU

1. Der große Geldtopf 25
2. Galileo und die Absahner 47
3. Arme Bauern, reiche Bauern 55
4. Zucker für Europas Regionen 75
5. Das große Mehrwertsteuerkarussell 93

Brüssel und die EU-Institutionen

6. Hauptstadt der Lobbyisten 103
7. Wo die Korruption blüht 125
8. Jäger der verlorenen Milliarden 147

Schluss 179
Bibliografie 189

Einleitung

Sie glauben, Brüssel sei ein Moloch? Ein gigantischer Verwaltungsapparat, in dem faule und überbezahlte Beamte sitzen und sich Gedanken über den Krümmungsgrad der Salatgurke machen? Oder die, schlimmer noch, die Steuergelder der hart arbeitenden Deutschen für faule Sizilianer und kriminelle Rumänen verschleudern? Sie vermuten außerdem, dass es im Palais Berlaymont, dem Sitz der EU-Kommission, nicht immer mit rechten Dingen zugeht? Dass sich in den langen Büroﬂuren fremde Herren in grauen Anzügen herumdrücken, die diskret in ihre Aktentasche greifen und mit einem Bündel Euroscheinen winken?

Dann geht dieses Buch Sie etwas an. Sie werden erfahren, wie die Mitgliedstaaten die Kasse in Brüssel füllen und was mit dem Geld, Ihren Steuern also, geschieht. Sie können nachlesen, wie viele Lobbyisten in Brüssel arbeiten und wie sie die EU-Gesetze beeinﬂussen. Und wie die weitgehend unbekannten Ermittler von «Olaf», der europäischen Betrugsbekämpfungsbehörde, versuchen, Subventionsbetrügern auf die Spur zu kommen.

Doch Vorsicht! Dieses Buch wird vermutlich manche lieb gewonnenen Vorurteile *nicht* bestätigen.

Was ist eigentlich los mit Europa? Wann immer die Rede auf Korruption und Betrug in der Europäischen Union kommt, nicken viele Menschen ernst und verständnisvoll. Keine Frage, es handelt sich um ein wichtiges Thema, Europa hat schließlich einen Ruf zu verlieren. So weit, so gut. Bedenklich ist jedoch, dass die Wortpaarung «EU» und «Betrug» unweigerlich breite Zustimmung hervorruft. Es scheint, als seien viele Europäer davon überzeugt, dass die EU ein korruptes System ist. Brüssel, so die gängige Meinung, ist nicht die wunderbare Hauptstadt eines wunderbaren Europas, sondern ein schwarzes Loch, das Geld und Anstand gleichermaßen aufsaugt. Und unweigerlich endet ein Gespräch über Korruption in der EU mit der Bemerkung: War da nicht eine französische Forschungskommissarin, die ihren Zahnarzt als Berater für ein Aids-Programm einstellte? Na also.

Europa ist keine Bananenrepublik, und doch bereitet Korruption vielen Menschen Sorgen. Meinungen und Stimmungen der Europäer werden in regelmäßigen Abständen in sogenannten Eurobarometern erfasst, im Jahr 2004 erschien ein Eurobarometer zum «Betrug in den Mitgliedstaaten und am EU-Haushalt». Befragt wurden Bürger der 15 alten EU-Länder danach, wie ernst sie Korruption, Steuerdelikte, Geldwäsche oder Produktpiraterie nehmen. Demnach beschäftigt das Thema Korruption die Menschen am meisten: 55 Prozent gaben an, sich mehr um Korruption zu sorgen als um Lebensmittelsicherheit (46 Prozent) oder Wirtschaftskriminalität (39 Prozent). Acht von zehn Befragten waren davon überzeugt, dass Betrug schlecht für die Wirtschaft ist. Und fast zwei Drittel meinten, dass Betrug häufig vorkommt.

Deprimierend für die EU ist, dass nur acht Prozent glauben, dass die Union Betrug wirkungsvoll bekämpft. Zu einem Teil dürfte das auf Unkenntnis zurückzuführen sein. Die nationale Polizei, die Zoll- und Steuerfahnder kennt man – aber wer weiß schon, dass es eine europäische Antibetrugsbehörde «Olaf» gibt, deren Beamte chinesische Banden aufspüren, die Knoblauch in die EU schmuggeln, oder spanische Olivenbauern ermitteln, die Subventionen für Bäume kassieren, die es gar nicht gibt? Dass Europa sich eine gemeinsame Polizei «Europol» leistet und sogar «Eurojust», ein Netz europäischer Staatsanwälte und Richter, die bei der Anklage im Fall grenzüberschreitender Delikte zusammenarbeiten? Immerhin sind die Europäer überzeugt davon, dass der Kampf gegen Betrug ein wichtiges Ziel der EU sein sollte:

Drei von vier Befragten sind dieser Meinung. Und fast ebenso viele (70 Prozent) wünschen sich, dass die EU Ermittlungen koordiniert und die Mitgliedstaaten mehr zusammenarbeiten.

Nun ist Korruption ein großes Wort und deshalb erst einmal eine Klärung des Sachverhalts nötig.

Korruption beschreibt der Brockhaus als «einen weiten Bereich moralisch verwerflicher Sachverhalte, die von Amtsmissbrauch bis zum allgemeinen gesellschaftlichen und politischen Sittenverfall reichen». Es handelt sich um einen unscharfen Begriff, wie auch der Brockhaus zugibt, weil sowohl Menschen als auch Staaten korrupt sein können. Dennoch wagt das Lexikon eine Aufzählung, die auf eine weitaus breitere Definition von Korruption als nur einfach Bestechung und Bestechlichkeit schließen lässt. Unterschlagung, Bestechung und Bestechlichkeit, Vorteilsnahme, Ämterkauf, Erpressung, Nepotismus, Patronage, Klientelismus und Lobbyismus – all dies sind laut Brockhaus Formen der Korruption. Auch die Vereinten Nationen und die Organisation Transparency International verstehen Korruption sehr allgemein, nämlich als den «Missbrauch von anvertrauter Macht zum privaten Vorteil». An diese Definition hält sich auch die EU-Kommission bei ihrer im Jahr 2003 veröffentlichten Strategie der Korruptionsbekämpfung.

In den letzten zwanzig Jahren hat sich das Interesse an der Bekämpfung von Korruption verstärkt: Das Verhältnis zu Politik und Unternehmen ist kritischer geworden, die Gesellschaft erwartet, dass Politiker und Wirtschaftsbosse integer sind. Die Kölner Müllaffäre, bei der ein Unternehmer die lokalen SPD-Größen mit Parteispenden schmierte, um sie für eine Privatisierung der Abfallwirtschaft zugunsten seiner Firma zu gewinnen, hätte vermutlich vor 30 Jahren noch keine großen Schlagzeilen gemacht. Das gilt wohl auch für die Siemens-Schmiergeldaffäre. Helmut Kohls Umgang mit Parteispenden stieß ebenfalls auf breites Unverständnis, da halfen dem Bundeskanzler auch seine Verdienste um die deutsche Einheit nicht. Und als der so sympathisch und gradlinig wirkende Postmanager Klaus Zumwinkel in Handschellen abgeführt wurde, weil er Geld unangemeldet bei einer Liechtensteiner Stiftung gehortet haben soll, war die Öffentlichkeit schockiert. Korrupte Politiker und Bosse: Das sind Menschen, die Dinge tun, «die man nicht tut».

Was ist erlaubt und was nicht? Die Grauzone ist gewaltig, wie auch die Frage der Strafen zeigt. Im Fall des Kölner Entsorgungsunternehmers Hellmut Trienekens fielen die Sanktionen für die zwei bestochenen Politiker milde aus, weil sie sich nicht selbst bereichert hatten. Nicht alles, was moralisch verwerflich sei, sei auch strafrechtlich relevant, resümierte der zuständige Richter nach der neunmonatigen Verhandlung. Ist es bereits Vorteilsgewährung, die laut Strafgesetzbuch mit bis zu drei Jahren Gefängnis geahndet werden kann, wenn der Energiemanager Utz Claasen Freitickets für die Fußball-Weltmeisterschaft verteilt? Claasen wurde freigesprochen. Doch unter Korruption wird eben auch die Verletzung gesellschaftlicher Normen verstanden. Sie gilt als Angriff auf die guten Sitten.

Das zunehmende Unbehagen gegenüber Managern und Politikern, die gegen gesellschaftliche Normen verstoßen, ist mehr als nur die Sehnsucht nach einer anständigen Welt. «Immense soziale, politische und wirtschaftliche Kosten» bilanziert die Organisation für Wirtschaftliche Zusammenarbeit OECD die Folgen der Korruption. Aufgrund von Bestechung müssten die öffentliche Hand oder Unternehmen überhöhte Preise für Waren und Dienstleistungen zahlen oder erhielten minderwertige Qualität. Nach Schätzungen der Weltbank gehen sogar drei Prozent des weltweiten Bruttonationaleinkommens durch Korruption verloren. Politisch gesehen, schwächt Korruption die staatlichen Strukturen und ist der OECD zufolge sogar eine Gefahr für Rechtsstaat und Demokratie. 1997 haben die führenden Industrienationen deshalb ein Abkommen zur Korruptionsbekämpfung verabschiedet: In Ländern, die der OECD angehören, dürfen Firmen Bestechungsgelder nicht mehr von der Steuer absetzen. Außerdem ist es strafbar, einen ausländischen Beamten zu bestechen, um an einen Auftrag zu kommen.

Europa – das sind zum einen die europäischen Nationen, und zum anderen ist es die Gemeinschaft. Unterschieden werden müssen deshalb zwei Ebenen der Korruption: Die erste betrifft jene Delikte, welche der EU als Union schaden – also die Korruption in den eigenen Reihen sowie der Betrug am EU-Haushalt. Täter sind zum Beispiel Beamte in den Institutionen, die sich bestechen lassen, oder Bürger, die EU-Subventionen erschleichen. Die zweite Ebene ist die Korruption in den Mitgliedsländern, wozu etwa die illegale Spende an eine Partei gehört oder die Bestechung eines lokalen Politikers, um an einen Bauauftrag heranzukommen. Diese Art der Korruption schadet der EU indirekt auch, weil sie den Wettbewerb verzerrt und damit den freien Binnenmarkt behindert. Die Kommission zählt deshalb in ihrer Strategie von 2003 auch diese nicht grenzüberschreitende Korruption zu Straftaten, an deren Verfolgung die Gemeinschaft ein Interesse hat. In diesem Buch soll es jedoch vor allem um die erste Ebene der Korruptionsbekämpfung gehen, um Fälle also, die die Union unmittelbar betreffen.

Die Europäische Union beschäftigt sich mit Korruption ganz offiziell seit 1995: Im «Übereinkommen zum Schutz der finanziellen Interessen der EU» legt die EU fest, dass sie Betrug im Zusammenhang mit dem Gemeinschaftshaushalt verfolgt. Wer Subventionen für «Phantomkühe» oder für nie gepflanzte Olivenbäume beantragt, macht sich des Betrugs schuldig, ebenso wer zollpflichtige Waren über die Grenzen nach Europa schmuggelt. Das Übereinkommen – auch PIF («Protection des Interets Financiers») genannt – schreibt ebenfalls vor, dass die Mitgliedstaaten Betrüger verfolgen müssen.

Diese Sätze sind brisanter, als sie zunächst klingen: Es steckt darin die große Verantwortung, dass die EU-Länder alles tun, damit das Geld aus der gemeinsamen Kasse auch richtig ausgegeben wird. Sie müssen darauf achten, dass jeder Bauer und jeder Unternehmer, der von der EU unterstützt wird, die Beihilfen auch ordentlich verwendet. Und sie sollen, dazu haben sie sich bei der Unterzeichnung des PIF-Papiers verpflichtet, zusammenarbeiten und die Kommission bei der Verfolgung von Betrug unterstützen. Die Wirklichkeit sieht anders aus, wie man hier erfahren wird: Die Regierungen achten peinlichst auf ihre nationalen Kompetenzen. Gerade bei der Strafverfolgung und Justiz ist die Bereitschaft zusammenzuarbeiten kaum ausgeprägt. Europa macht es seinen Betrügern leicht, indem es die Grenzen für Waren öffnet, aber seine Ermittler vor den Schlagbäumen halten lässt.

Korruption geschieht im Verborgenen. Der Bauunternehmer und der Bürgermeister, die einen Auftrag vorbei an der öffentlichen Ausschreibung aushandeln, werden peinlich darauf achten, nicht zu oft gemeinsam gesehen zu werden. Eine Statistik kann es daher nicht geben, der «Korruptionsindex» von Transparency International ist der einzige Versuch, das Klima von Bestechlichkeit und Vorteilnahme in einem Land zu messen. 2008 hat die Organisation Fachleute und Manager befragt, wie sie Korruption in Verwaltung und Politik einschätzen – und damit ein Bild der gefühlten Korruption gezeichnet.

Demnach gelten Dänemark und Schweden als die saubersten Länder Europas, während Bulgarien und Rumänien als besonders korrupt empfunden werden. Auf der Skala von null bis zehn halten die Skandinavier seit Langem die Poleposition, bei der letzten Befragung erreichten sie 9,3 Punkte. Die beiden neuen EU-Mitglieder dagegen schafften gerade einmal 3,6 und 3,8 Punkte: Sie leiden nach Meinung der Befragten aus 180 Ländern unter korrupten Politikern, einem schlecht funktionierenden Rechtssystem und einer mangelhaften Verwaltung der EU-Mittel. Bulgarien steht zudem im Verdacht enger Verbindungen zwischen der organisierten Kriminalität und der Politik. (Noch schlechter als Bulgarien steht übrigens die Weltmacht Russland da. Sie kommt nur auf 2,1 Punkte und belegt damit Platz 147 in der weltweiten Rangliste.)

Sauberländer im Norden Europas, Schmuddelkinder im Südosten – das ist kein sonderlich überraschendes Ergebnis. Bedenklich an der neuesten TI-Erhebung ist jedoch, dass große Mitgliedstaaten wie Frankreich, Großbritannien und Italien im neuesten Ranking gegenüber früher erheblich zurückgefallen sind. Selbst Finnland hat an Vertrauen eingebüßt. In Frankreich dürften die Affären des früheren französischen Präsidenten Jacques Chirac sowie die schmuddeligen Aktivitäten seines Premiers Dominique de Villepin den Korruptionsindex nach oben getrieben haben. Villepin wird verdächtigt, seinen Kontrahenten Nicolas Sarkozy ausspioniert zu haben. Schlecht für Großbritanniens Image wiederum waren die zweifelhaften Geschäfte des Unternehmens BAE Systems in Saudi-Arabien. Trotz massiver Bestechungsvorwürfe gegen den größten Luft- und Raumfahrtkonzern in Europa stellte die britische Regierung die Untersuchungen ein. Das kostete das Königreich fast zehn Prozent auf der Korruptionsskala. Finnland wiederum büßte sein Sauberimage aufgrund eines Parteispendenskandals ein.

Mal ist es Bestechung im Ausland, mal sind es illegale Parteispenden, mal zeigen Politiker wenig Interesse am Kampf gegen Korruption – wie in Italien, wo Premier Silvio Berlusconi kurzerhand das Amt des Kommissars gegen Korruption abschaffte: Fachleute nehmen das Abrutschen reicher EU-Länder als Warnsignal. «Die Standards fallen überall in Europa», ist man beim Europarat überzeugt, der sich mit einem freiwilligen Bündnis von Mitgliedsländern, «Group of States against Corruption» (Greco), für mehr Transparenz in Politik und Wirtschaft engagiert.

Wenn das Ansehen der Mitgliedstaaten schwindet, ist das auch schlecht für die Europäische Union. Als supranationales Gebilde leidet sie ohnehin darunter, dass viele Menschen nicht richtig verstehen, wie Politik in Brüssel gemacht wird. Wenn schon die einzelnen EU-Länder Vetternwirtschaft und Verschwendung nicht in den Griff bekommen, wie soll dann die Union das schaffen? Ihre undurchsichtigen Strukturen laden zum Betrug regelrecht ein, sind viele Bürger überzeugt.

Doch hat Europa nicht andere Sorgen als ein bisschen Korruption? Richtig, die EU hat Sorgen, sogar sehr große Sorgen. Die Stimmung ist schon einmal viel besser gewesen. Viele Menschen haben das Vertrauen in die bindende Kraft der Union verloren. Der Zement, der das Fundament des europäischen Hauses lange zusammenhielt, war der Wunsch nach einem friedlichen und wohlhabenden Europa. Dafür waren die nationalen Regierungen bereit, Opfer zu bringen, indem sie die ärmeren Mitgliedstaaten finanziell unterstützten. Am Anfang schien es noch leicht zu sein, Solidarität zu üben, auch wenn jede Erweiterung die Gemeinschaft auf eine harte Probe stellte: Großbritannien zum Beispiel war von Anfang an ein schwieriges Mitglied, weil es in seiner «splendid isolation» fortlebte und den gemeinsamen Markt zwar wollte, politische Projekte jedoch zu verhindern versuchte. Spanien und Portugal, Irland und Griechenland waren sehr arm, als sie aufgenommen wurden, und brauchten entsprechend viel Unterstützung.

Trotzdem waren die frühen Erweiterungsrunden, psychologisch gesehen, leicht zu verkraften – ähnlich wie wenn ein paar alte Freunde in eine Wohngemeinschaft ziehen. Auch wenn sie zunächst den Kühlschrank leer essen, arrangiert man sich mit den neuen Mitbewohnern. Wenn aber acht entfernte mittellose Verwandte, allesamt Jahrzehnte verschollen, plötzlich vor der Haustür stehen, dann wird das Leben der Wohngemeinschaft gehörig durcheinandergewirbelt. Gibt es tatsächlich genug zu essen für alle? Wird man sich einigen können, wer wann den Müll hinausträgt? Der Eiserne Vorhang hatte Westeuropa vom Osten entfremdet, und jetzt war dieser wilde Osten quasi über Nacht Teil der Europäischen Union geworden. Viele Menschen fühlten sich überrumpelt.

Politisch gesehen, musste es wohl den «Big Bang» vom Mai 2004 geben. Anders hätte es wohl kaum funktioniert, die früheren Satellitenstaaten der Sowjetunion aufzunehmen. Und selbstverständlich gehören sie zu Europa – es war eine Frage der historischen Gerechtigkeit, Polen, Ungarn oder auch Rumänien einzuladen, in der WG Europa zu logieren. Doch Europas Regierungschefs hatten sich nicht die Mühe gemacht, ihren Bürgern die Erweiterung zu erklären. Und obwohl sie immer die «Vertiefung vor der Erweiterung» beschworen hatten, mangelte es am Willen, sich auf neue Regeln der Zusammenarbeit zu einigen. Das alte Europa der fünfzehn Mitgliedstaaten wusste, dass die neue, große EU nicht einfach so weiter funktionieren würde – trotzdem endete der Gipfel von Nizza 2001, ohne dass man die Weichen für die Zukunft gestellt hätte. Auch ein neuer Vertrag – die frühere Verfassung, heute Vertrag von Lissabon genannt – scheiterte grandios, weil die politischen Eliten nicht erkannten, dass viele Menschen unzufrieden mit dem Zustand Europas waren.

Die prinzipielle Frage des Gleichgewichts von Erweiterung und Vertiefung bleibt: Wie effizient kann ein Europa von 27 oder vielleicht noch mehr Mitgliedern die Probleme des Kontinents anpacken?

Als große Probleme wären da: eine Arbeitswelt, in der es immer weniger Jobs gibt und die Menschen Angst haben vor dem sozialen Abstieg; Armut in großen Teilen der Welt, was die illegale Einwanderung vor allem aus Afrika verstärkt; steigende Preise für Öl und Gas, die durch schwindende Reserven und wachsende Nachfrage in den Schwellenländern verursacht werden; die Erwärmung der Erde mit Folgen wie Dürren oder Wasserknappheit zum Beispiel in Spanien und Süditalien; der Terrorismus.

Eine Nation für sich allein kann diese Probleme gar nicht mehr lösen, es wäre die Aufgabe der EU. Und dennoch vertrauen viele Menschen nicht mehr der Kraft Europas. Dass ein Land wie Irland den Vertrag von Lissabon ablehnt, obwohl die Iren wie fast kein anderes Volk von der Europäischen Gemeinschaft profitiert haben, muss als ernstes Warnsignal genommen werden. In Zeiten der Unsicherheit klammern sich Menschen gerne an Tradiertes, und die Grenzen eines Nationalstaates scheinen ihnen da mehr Halt zu geben als das supranationale Gebilde Europa.

Die Glaubwürdigkeitskrise ist hausgemacht: Verursacht haben sie zu einem Gutteil nationale Politiker, die sich der europäischen Idee nicht mehr verpflichtet fühlen. Auch in der Vergangenheit hat die Gemeinschaft Krisen durchlebt – nicht immer hat man das Prinzip Solidarität gelebt, das Frankreichs Außenminister Robert Schuman bei seiner berühmten Erklärung am 9. Mai 1950 beschwor. Auch die «Methode Monnet», benannt nach dem Gründungsvater Jean Monnet – die schrittweise Integration durch konkrete Projekte wie die Montanunion –, hat Europa zuweilen nur in Trippelschritten vorangebracht. Doch im Konzert der europäischen Nationen dominierte als Grundmelodie stets die Solidarität.

Inzwischen aber stechen Töne von Nationalismus und Egoismus hervor. Eifersüchtig wachen Regierungen über ihre nationalen Kompetenzen und achten darauf, dass gemeinsame Institutionen, die sie selbst mitbeschlossen haben, nicht allzu einflussreich werden. «Ein Europa wollen, ihm aber nichts gewähren – das ist nicht nur absurd, sondern gar kindisch», stellt die französische EU-Expertin Sylvie Goulard fest. Die Union, die doch mehr sein sollte als die Summe ihrer Nationalstaaten, ist zur Geisel ihrer Mitglieder geworden.

Brüssel gibt den idealen Sündenbock ab. Eine Vorschrift wird erlassen, die bayerische Bauern zwingt, neue Traktorsitze anzuschaffen? Sie sei von regelungswütigen Beamten erfunden worden, heißt es dann. In Wirklichkeit aber drängte Deutschland die Kommission zu der entsprechenden Richtlinie, weil ein bayerischer Traktorenhersteller seine Marktposition festigen wollte. Manche Politiker beherrschen meisterhaft das Spiel, alles auf die EU zu schieben und Europa zu diskreditieren. Der frühere bayerische Ministerpräsident Edmund Stoiber gehörte zu dieser Spezies. Doch zuletzt musste auch Stoiber eingestehen, dass eine sinnvolle europäische Politik oft an den Mitgliedern scheitert.

Bestes Beispiel dafür ist die Geschichte der Gurkenkrümmung. Die zugehörige Verordnung 1677/88 EWG (eine Gurke muss «gut geformt und praktisch gerade sein mit einer maximalen Krümmung von 10 Millimetern auf 10 Zentimeter Länge») gilt als Meisterstück Brüsseler Bürokratie. Dabei ist diese Verordnung auf ausdrücklichen Wunsch der Mitgliedstaaten und des Handels entstanden, der die frische Ware möglichst kompakt verpackt ohne Hindernisse durch Europa schicken will. Als nun die Kommission im Frühjahr 2008 beschloss, Bestimmungen über die Gurke und anderes Gemüse und Obst abzuschaffen, wurde sie ausgerechnet von den Regierungen gebremst, die ihr sonst Regulierungswut vorwerfen. Vor allem der deutsche Landwirtschaftsminister Horst Seehofer stellte sich quer. Sein Parteifreund Stoiber, der inzwischen als oberster Bürokratiejäger den angeblichen Paragrafendschungel lichten soll, musste kleinlaut zugeben, dass Brüssel nicht an allem schuld ist. Öffentlich gestand Stoiber, dass die Mitgliedstaaten die Abschaffung der Gurkenkrümmungs-Verordnung verhindern wollten, und sagte: «Jeder weiß doch, was eine Gurke ist.» Nach vielem Hin und Her gelang es im November 2008 ein Dutzend Verordnungen, darunter Nr. 1677/88 EWG, abzuschaffen.

Der lächerliche Gurkenstreit entbehrt nicht einer gewissen Komik, die jedoch den tragischen Kern des Konflikts kaschiert. Die schizophrene Haltung nationaler Politiker, die an dem einen Tag im Ministerrat ihre Unterschrift unter ein EU-Gesetz setzen, um am nächsten Tag zu behaupten, man selbst habe das alles nicht so gewollt, unterminiert die Glaubwürdigkeit der Gemeinschaft. Wenn in Brüssel unfähige Kommissare walten, deren regelungswütige Beamte ihnen ständig Gesetze unterjubeln, wie ist es dann mit der Legitimität der Kommission bestellt? Eine EU-«Regierung», die ständig diskreditiert wird, genießt keinen Respekt. Das gilt auch für ein europäisches Gericht, an dessen Rechtsprechung gezweifelt wird. Als die Richter des Europäischen Gerichtshof 2005 entschieden, dass Österreich Ausländern nicht den Zugang zu seinen Universitäten verwehren darf, schimpfte Bundeskanzler Wolfgang Schüssel laut: Das Gericht überschreite seine Kompetenzen, urteile zu zentralistisch, müsse besser kontrolliert werden. Dabei ist der Richterspruch nur konsequent, weil er gleiches Recht für alle jungen Europäer fordert.

Die berühmt-berüchtigte Gurke taugt sogar als Anlass für einen Generalangriff auf Europa. Die EU sei eine «intransparente, komplexe Mammut-Institution», die eine «immer stärkere, oft sachwidrige Zentralisierung von Zuständigkeiten» betreibe, wetterte der frühere Bundespräsident Roman Herzog. Zu viele Gesetze entstünden in Brüssel, weshalb man die Bundesrepublik Deutschland «nur eingeschränkt als eine parlamentarische Demokratie bezeichnen» könne. Herzog belegte seine Kritik mit einer Zahl, die von EU-Skeptikern seit Jahren herumgereicht wird: Mehr als vier Fünftel der in Deutschland gültigen Gesetze – darunter die Gurkenverordnung – seien inzwischen von Brüssel diktiert. Gibt es einen besseren Beweis dafür, dass die EU den Ländern die Macht entreißt?

Doch besagte Zahl hat sich längst – mit Ausnahme des Agrarbereichs – als Chimäre erwiesen. Milchkühe, Legehennen und Maisfelder sind weitgehend EU-reguliert, vier Fünftel der Gesetze im Agrarbereich werden tatsächlich von Eurokraten geschrieben, hat der amerikanische Europaexperte Andrew Moravcsik von der Universität Princeton gezeigt. In anderen Politikfeldern aber wie der Innen-, Arbeits- und Sozialpolitik entscheiden weitgehend die nationalen Parlamente. «Von europäischer Maßlosigkeit auf Kosten nationaler Gesetzgebung kann keine Rede sein», sagt Moravcsik, der die Statistiken genau studiert hat. Er schätzt, dass Brüssel bei einem guten Drittel der nationalen Gesetzbücher mitredet.

Herzog und andere EU-Kritiker zeichnen ein Bild der Union als Krake, die ihre Tentakeln ausbreitet und den Mitgliedstaaten die Luft zum Atmen nimmt. Es stimmt schon: Die Union hat mit der Zeit mehr Kompetenzen erhalten. Aber warum eigentlich? Weil die Mitgliedstaaten erkannt haben, dass viele Probleme sich nur gemeinschaftlich lösen lassen. Der gewachsene Einfluss der EU ist nicht ein unabwendbares Schicksal, sondern das Ergebnis einer gezielten Politik. Man könnte es nun mit den Briten halten, die gerne die Vorteile einer Wirtschaftsgemeinschaft genießen wollen, einen engeren politischen Schulterschluss jedoch bremsen. Doch Europa kann sich in der Welt nur behaupten, wenn es auch eine politische Union ist: wenn es in Fragen der Einwanderung, der Sicherheit, der Außenpolitik mit einer Stimme spricht. Das ist übrigens keine neue Erfindung: Schon die Europäische Wirtschaftsgemeinschaft wurde 1957 «in dem festen Willen» gegründet, «die Grundlagen für einen immer engeren Zusammenschluss der europäischen Völker zu schaffen». Der freie Handel war nie Selbstzweck, sondern sollte dem politischen Ziel dienen, Europa eine angemessene Rolle auf der Weltbühne zu sichern.

Der aufkeimende Nationalismus zeigt sich auch beim Geld. Denn so sparsam die Regierungen das gemeinsame Budget alimentieren, so großzügig sind sie beim Abrufen der Mittel. Peinlich genau achten die Mitgliedstaaten darauf, dass sie – entsprechend ihren Beiträgen – genügend aus der Brüsseler Kasse zurücküberwiesen bekommen. «Juste retour» heißt das in der Sprache der Europäer, der gerechte Rückfluss von Mitteln. Maggie Thatcher, die mit der Handtasche wedelt und einen Rabatt auf die britischen Beitragszahlungen einfordert – sie war lange Jahre die Personifizierung des nationalen Egoismus. Heute ist Thatcher überall. Auch Deutschland hat mit der Tradition gebrochen, als wirtschaftsstärkstes Land Europas nicht immer nur stur auf seine Kontoauszüge zu schauen, sondern großzügig den ärmeren Staaten unter die Arme zu greifen. Ausgerechnet der SPD-Kanzler Gerhard Schröder kündigte die praktizierte Solidarität auf. Aus Sicht der Deutschen, die unter der Last der Wiedervereinigung ächzten, mochte das verständlich sein. Für den Zusammenhalt der

Union, die auf Solidarität, auch auf Verzicht angewiesen ist, ist der neue deutsche Geiz nicht geil, sondern fatal.

Die Verleugnung europäischer Ideale und das Bloßstellen der EU-Institutionen erzeugen eine Stimmung des Misstrauens gegenüber Brüssel, in der Ressentiments und Vorurteile gedeihen. Dass die Union eine weltweit einmalige politische Konstruktion ist, die nur mit einer delikaten Balance zwischen Kommission, Parlament und Rat funktioniert, macht die Sache nicht einfacher. Politik in der EU ist komplizierter als in einem Nationalstaat, der eine Regierung und ein Parlament hat. Viele Menschen langweilt schon die Politik ihres eigenen Landes, da mögen sie sich nicht auch noch mit den komplizierten Regeln der Eurodiplomatie auseinandersetzen. Europa ist in der Krise, weil viele Bürger nicht mehr den Mehrwert der Europäischen Union erkennen. Europa ist auch in der Krise, weil Politiker sich aus ihrer Verantwortung stehlen. Am Sonntag predigen sie Europa, am Montag schmähen sie die Union.

In dieser Gemengelage verschieben sich die Gewichte. Gute Nachrichten über Europa werden nicht mehr wahrgenommen, schlechte Nachrichten umso mehr. Jeder Fall von Misswirtschaft und Betrug wird sogleich als Beweis dafür benutzt, dass die EU von Grund auf korrupt ist. Das passt zum Bild der nicht kontrollierbaren, sich immer weiter ausbreitenden Krake. Diese Wahrnehmung ist gefährlich.

Das gewachsene Europa mag mächtiger geworden sein, an Beliebtheit hat es nicht gewonnen. Fälle von Korruption und Misswirtschaft sind willkommenes Futter für die Euroskeptiker. Dass eine politische Gruppierung wie «Europa Transparent» des Niederländers Paul van Buitenen es ins Parlament geschafft hat, allein mit dem Thema Kampf gegen Betrug, ist kein gutes Zeichen. Das Image der EU als ein Hort der Korruption gefährdet die Glaubwürdigkeit und damit die Zukunft der Union.

Dieses Buch versucht, ein realistisches Bild von Betrug und Korruption in der EU zu zeichnen. Wie korrupt sind die 24 000 Eurokraten, die im Palais Berlaymont Gesetze für Europa schreiben? Welchen Einfluss haben die 15 000 Lobbyisten, die bei Kommission und Parlament ein- und ausgehen? Lassen Abgeordnete oder Kommissionsmitglieder sich bestechen? Wie viel Geld wird in der EU verschwendet? Um es vorwegzunehmen: Nicht die Kommission ist korrupt, zumindest ist sie es nicht mehr als andere Verwaltungen auch. Sehr wohl gefährlich ist aber, dass die EU zunehmend in den Griff von Lobbyisten gerät, die das Wohl von Unternehmen im Sinn haben. Ebenso gefährlich ist, dass Politiker regieren, die nationale Interessen verfolgen und das Gemeinwohl missachten. Europa wird langsam, aber sicher verraten und gekauft.

Das Buch gliedert sich in zwei große Teile: Die Finanzen der EU bilden den ersten Teil. Das erste Kapitel beschreibt, woher die 130 Milliarden Euro, etwa 235 Euro pro Einwohner, für das jährliche EU-Budget kommen und wofür sie ausgegeben werden. Es erklärt, warum so viel Geld in die Landwirtschaft und die ärmeren Regionen Europas fließt – und warum die Mittel teilweise verschwendet werden. Das Kapitel «Galileo und die Absahner» handelt vom milliardenschweren Projekt Galileo. Das Satellitensystem ist ein Beispiel für die Selbstbedienungsmentalität der Mitgliedstaaten.

Die folgenden zwei Kapitel 3 und 4 beschäftigen sich im Detail mit den großen und besonders umstrittenen Haushaltsposten des EU-Budgets, der Landwirtschaft und Regionalförderung. Diese Abschnitte erklären, warum die meisten Fälle von Betrug und Misswirtschaft Mittel aus diesen Töpfen betreffen. Sie beschreiben auch, warum es bislang so schwierig war, den Haushalt grundlegend zu reformieren. Mehrwertsteuerbetrug ist Thema des fünften Kapitels. Findige Gauner erleichtern die Etats der Mitgliedstaaten – und indirekt das Budget der Gemeinschaft – um viele Milliarden Euro. Dieser Betrug ist ein Beispiel dafür, wie die EU-Länder sich in Kompetenzstreitigkeiten verlieren und die Aufklärung behindern.

Der zweite Teil des Buches nimmt sich die Brüsseler Institutionen vor. Kapitel 6 beschreibt die Szene der Lobbyisten und ihren Einfluss auf die Kommission. Am Beispiel der Biosprit-Politik wird belegt, wie Unternehmen und Verbände in die Gesetzgebung eingreifen und wie groß ihr Einfluss inzwischen ist. Politik wird heute immer und überall von Interessensvertretern begleitet, doch in Brüssel scheint die Kontrolle über die Lobbyisten entglitten zu sein.

Die Institutionen der EU sind nicht korrupter als die der Mitgliedstaaten, so die These des 7. Kapitels. Dennoch verhindern die komplizierten Strukturen transparente Entscheidungsprozesse. Das Kapitel erzählt von einigen korrupten Beamten und von Betrugsfällen und versucht, den Vorwürfen über käufliche Abgeordnete auf den Grund zu gehen. Kapitel 8 widmet sich dem Kampf gegen Betrug. Seit fast zehn Jahren arbeitet das Amt für Betrugsbekämpfung Olaf. Doch es wird von den Mitgliedstaaten an der kurzen Leine gehalten. Den Ermittlern fehlen Geld und Kompetenzen.

Was kann, was muss die EU tun? Darum geht es im Schlusskapitel. Ohne einschneidende Reformen, so viel steht fest, wird Europa seine Glaubwürdigkeit schwerlich zurückgewinnen können.

Die Finanzen der EU

Kapitel 1
Der große Geldtopf

In Brüssel jagt ein Gipfel den nächsten, doch diese Zusammenkunft gehörte wohl zu den denkwürdigsten Begegnungen, welche Europas Hauptstadt gesehen hatte. «Tony Blair sah aus, als sei er gerade mit viel Glück einer Naturkatastrophe entronnen», erinnerte sich die Korrespondentin der Süddeutschen Zeitung in Brüssel an die Nacht zum 17. Dezember 2005. Bis drei Uhr morgens hatten Europas Regierungschefs geschlagene 30 Stunden lang darum gerungen, wie der EU-Haushalt in Zukunft aussehen sollte. Für den britischen Premier und EU-Ratspräsidenten Tony Blair stand nach dem Gipfelmarathon fest: «So kann es nicht weitergehen. Wir müssen unsere Finanzregeln unbedingt reformieren.»

Wieder einmal hatte es bei einem Gipfel gekracht, und wieder einmal ging es um Geld. Um viel Geld, immerhin eine knappe Billion Euro. Auf dem Verhandlungstisch lag die «Finanzielle Vorausschau» für 2007 bis 2013, der Entwurf eines Siebenjahresbudgets für die Europäische Union. Eigentlich hätte der Finanzplan bereits im Juni 2005 in Brüssel verabschiedet werden sollen. Das kleine Luxemburg hatte im ersten Halbjahr die EU-Ratspräsidentschaft inne, und Regierungschef Jean-Claude Juncker hatte sich vorgenommen, die strittigen Geldfragen zu klären. Der überzeugte Europäer Juncker wollte so auch ein Signal setzen gegen die Katerstimmung, welche die Union erfasst hatte. Nur wenige

Wochen zuvor hatten Franzosen und Niederländer mit ihrem Nein ganz Europa den geplanten Verfassungsvertrag vor die Füße geworfen. Nun wollte man wenigstens beim Budget Einigkeit demonstrieren.

Europas Haushalt ist eine höchst komplizierte Angelegenheit. In den Verträgen ist festgelegt, wofür die EU Geld ausgeben muss und darf: für Landwirtschaft und Fischerei, für den Bau von Straßen, Brücken und Schienen, um die Infrastruktur der ärmeren Regionen zu verbessern, für Ausbildung und Forschung. Das meiste Geld für Brüssel fließt direkt zurück in die Mitgliedstaaten – dort werden 80 Prozent der Einnahmen wieder ausgegeben. Im Gegensatz zu Nationalstaaten darf die Union keine Schulden machen. Sie kann also nur so viel Geld ausgeben, wie sie eingenommen hat. Dabei finanziert sich die EU zu einem kleinen Teil aus Zöllen, die sie selbst erhebt. Das meiste Geld überweisen jedoch die Mitgliedstaaten, wobei die Beiträge gedeckelt sind: Die gesamten EU-Mittel dürfen höchstens 1,24 Prozent des Bruttonationaleinkommens der Union betragen. Alle sieben Jahre legt die Kommission einen Vorschlag auf den Tisch, den Europas Regierungschefs dann im Detail aushandeln und mit dem Parlament abstimmen.

Zum Tauziehen geraten die Haushaltsverhandlungen auch deshalb, weil die Kommission gerne möglichst viel Geld ausgeben möchte, die Mitgliedstaaten dagegen möglichst niedrige Schecks für Brüssel ausstellen wollen. Nettozahler nennt man die Staaten, die mehr Geld nach Brüssel überweisen, als sie zurückbekommen – naturgemäß handelt es sich dabei um die reichen Mitglieder wie Deutschland, Luxemburg oder die Niederlande. Jeder Regierungschef achtet darauf, dass sein Land möglichst nicht zu den großen Nettozahlern gehört. Deshalb kommt es in schöner Regelmäßigkeit zu politischen Kuhhandeln, die teils komplizierte Ausnahmeregeln zur Folge haben, den berühmten «Britenrabatt» zum Beispiel, den Margaret Thatcher ausgehandelt hatte: Beim Gipfel 1984 in Fontainebleau bei Paris hatte die Eiserne Lady ihre Amtskollegen so lange genervt, bis diese ihr eine Ermäßigung auf die britischen Beitragszahlungen gewährten. Der Rabatt hatte damals durchaus seine Berechtigung: Das Königreich erhielt – im Verhältnis zu seinen Einzahlungen in die Brüsseler Kasse –

wenig Agrarsubventionen, sodass es unter dem Strich der größte Nettozahler war, obwohl es wirtschaftlich damals weitaus schlechter dastand als viele andere Länder.

Auch 2005 ging es – neben der Höhe des Haushalts – um den Britenrabatt. Die anderen EU-Mitglieder sahen nicht mehr ein, warum sie Großbritanniens Abschlag mitfinanzieren sollten. Schließlich war inzwischen aus dem armen Mitglied ein prosperierendes Land geworden. Nettozahler wie Deutschland und Schweden wollten zudem den Haushalt auf ein Prozent des Bruttonationaleinkommens einfrieren. Premier Tony Blair wiederum wollte einer Senkung des Rabatts nur zustimmen, falls zugleich der EU-Haushalt reformiert und weniger Geld für die Bauern ausgegeben würde. Was wiederum mit dem Präsidenten Frankreichs – des Landes, das am meisten von den Agrarmitteln profitiert – nicht zu machen war. Es war eine Gemengelage von Motiven, und Luxemburgs Regierungschef Juncker scheiterte im Sommer 2005 grandios bei dem Versuch, ein Budget für 2007 bis 2013 hinzubekommen.

Dass man sich ein halbes Jahr später doch noch einigte, grenzte schon an ein Wunder. Nach der aufregenden Nacht lautete der Kompromiss dann: 849 Milliarden Euro, entsprechend 1,03 Prozent der EU-Wirtschaftsleistung. Deutschlands Bundeskanzlerin Angela Merkel war es zusammen mit einigen ihrer Kollegen gelungen, dem britischen Premier eine Kürzung von 2,5 Milliarden Euro des Britenrabatts abzupressen. Dieses Geld fließt nun statt in die Londoner Kasse in die bedürftigen Mitgliedstaaten Osteuropas. Zuletzt ging es bei dem Gipfel wie auf dem Basar zu: Für die neuen Bundesländer handelte Merkel gleich auch noch ein paar hundert Millionen Euro aus. Davon trat sie Polen hundert Millionen Euro ab, um zu verhindern, dass Warschau nicht noch in letzter Minute Wünsche anmelden und den mühsam ausgehandelten Kompromiss gefährden würde. Einige Monate später, am 17. Mai 2006, war es dann so weit: Parlament, Rat und Kommission unterzeichneten eine, wie es in schöner Bürokratensprache heißt, interinstitutionelle Vereinbarung über Haushaltsdisziplin und wirtschaftliche Haushaltsführung. Kurzum, das Sieben-Jahres-Budget für 2007 bis 2013 war unter Dach und Fach.

Ende gut, alles gut? Für ein paar Jahre vielleicht. Spätestens 2010 oder 2011, wenn die EU einen neuen Finanzrahmen für die Zeit nach dem derzeit gültigen Haushaltsplan wird entwerfen müssen, dürften die mühsam zugeschütteten Gräben wieder aufreißen. Der grundlegende Zwist, wie viel Geld die Union ausgeben soll und wofür, konnte bisher nicht beigelegt werden. Die Erleichterung über den Brüsseler Kompromiss hat nur verschleiert, dass es eigentlich an der Zeit gewesen wäre, den EU-Haushalt grundlegend zu reformieren: 80 Prozent des Etats – vier von fünf Euro also – gibt die EU für Landwirtschaft und Regionalförderung aus. Nicht alles ist falsch angelegt, doch vieles erscheint so überflüssig wie anachronistisch. Muss Europa tatsächlich den Anbau von Rotwein in Spanien und Italien subventionieren und dann ein zweites Mal Beihilfen zahlen, damit dieser Rotwein zu Alkohol destilliert wird, weil in Europa zu viel Wein auf den Markt kommt? Braucht Portugal in seinen dünn besiedelten Landstrichen vierspurige Autobahnen? Doch unsinnige Agrarausgaben und falsch verwendete Strukturmittel sind mehr als nur Auswüchse der gigantischen Brüsseler Subventions- und Umverteilungsmaschinerie. Sie offenbaren auch Fehler im System, die dringend behoben werden müssten. Stattdessen kaschiert man sie und macht so weiter wie bisher.

Der in Brüssel ausgehandelte Finanzplan schreibt den Status quo fort: Agrarausgaben bleiben der mit Abstand wichtigste Brüsseler Etatposten. Strukturmittel werden weiterhin mit der Gießkanne ausgegeben, statt Projekte gezielt zu fördern. Und weil Landwirtschaft und Regionalförderung die EU-Gelder größtenteils auffressen, bleibt für zukunftsgerichtete Aufgaben wie beispielsweise Forschung und Entwicklung zu wenig übrig. Statt den Etat an die Herausforderungen der Globalisierung anzupassen und wettbewerbsfähiger zu machen, wurstelt man sich durch, weil anders keine Kompromisse mehr zustande kommen. Alte Mitgliedstaaten beharren auf Privilegien, neue Mitglieder fordern das ein, von dem sie meinen, es stünde ihnen zu. Es lebe der Automatismus und das Besitzstandsdenken.

Das EU-Budget muss grundüberholt werden, so wie Tony Blair es 2005 gefordert hatte und dadurch den Haushaltskompromiss erst einmal platzen ließ. Sicher, auch die Briten haben es stets verstanden, sich ihre Pfründe zu sichern. In der Sache aber hat Großbritanniens ehemaliger Regierungschef recht. Dabei geht es gar nicht darum, dass die EU zu teuer ist. Das Geld ist vielmehr falsch angelegt. Eine Union, die fünfmal so viel für ihre Bauern ausgibt wie für ihre Forscher, kann sich nicht wirklich zukunftsfähig nennen.

Europas Dilemma liegt in seiner Geschichte begründet. Was als kleiner Club von sechs Mitgliedern begann, ist im Laufe der Jahrzehnte zu einer 27-köpfigen Union geworden, in der zwangsläufig unterschiedliche Interessen aufeinanderstoßen. Wer aufgenommen wird, unterschreibt die Verträge und dokumentiert damit, dass er sich den Regeln unterwirft – theoretisch zumindest. Denn wer einmal Mitglied im Club ist, achtet peinlichst darauf, dass er nicht zu kurz kommt. Er fordert, feilscht und droht. Meist mit Erfolg, denn der Haushalt muss einstimmig verabschiedet werden. Und ein Mitglied kann, egal, wie aufmüpfig es sich gebärdet, nicht wieder hinausgeworfen werden. Unvergessen ist zum Beispiel die Szene, die sich bei einem EU-Gipfel im Jahr 1999 in Berlin abspielte. Da blieb der selbstbewusste spanische Regierungschef Jose Maria Aznar so lange hart, bis Bundeskanzler und EU-Ratspräsident Gerhard Schröder nachgab und dem Spanier eine Garantie auf weiterhin hohe Strukturmittel zusicherte – um den Gipfel nicht platzen zu lassen. Später ließ Aznar sich mit dicker Zigarre und triumphierendem Blick fotografieren.

Das erste Budget der Europäischen Wirtschaftsgemeinschaft (EWG) auszuhandeln war noch einfach: Es wurde 1958 von der damals kleinen, neunköpfigen Kommission vorgeschlagen und vom Rat beschlossen, der aus den Regierungschefs der sechs Gründerstaaten bestand. Zunächst umfasste der Haushalt nur die Ausgaben für die Verwaltung und für den bereits in den Römischen Verträgen verankerten Europäischen Sozialfonds, mit dem man die Ausbildung verbessern und die berufliche Mobilität fördern wollte. Gerade einmal 600 Millionen Mark konnte die EWG ausgeben. Erst als 1962 der Europäische Ausrichtungs- und Garantiefonds für Landwirtschaft (EAGGF) gegründet wurde, wuchs der Haushalt rapide an.

Brüssel brauchte damals mehr Geld – und erschloss sich zusätzliche Einnahmen. Diese hießen, etwas verbrämt, «Eigenmittel», obwohl sie zum Teil von den Mitgliedstaaten entrichtet wurden. Es handelte sich um Zölle auf den Handel mit Drittländern, Abgaben für Agrarprodukte wie Zucker sowie einen nationalen Beitrag, der sich aus der im Land erhobenen Mehrwertsteuer berechnete. Die Eigenmittel ersetzten zunächst die direkten Beiträge aus den Mitgliedstaaten, die damals noch gering waren. 1988 allerdings reichten die Eigenmittel nicht mehr aus – durch den Beitritt armer Länder wie Irland und Großbritannien, später Griechenland, Spanien und Portugal war der Finanzbedarf enorm angestiegen. Denn diese Mitglieder waren allesamt Nettoempfänger. Daher mussten wieder Beiträge erhoben werden, die sich aus dem Bruttonationaleinkommen der Mitglieder errechneten.

Die Gründungs- und Beitrittsverträge legen fest, wie hoch die «obligatorischen Ausgaben» der EWG sind, das heißt, was Brüssel gemäß der Verträge finanzieren muss. Im Wesentlichen handelt es sich dabei um die Unterstützung der Bauern, später kam die Regionalförderung hinzu. 1975 erhielt auch das Parlament ein Mitspracherecht, aber nur für die nicht obligatorischen Ausgaben wie Forschungsmittel. Die obligatorischen Ausgaben dagegen bedürfen nur der Zustimmung durch den Rat. Die Abgeordneten müssen aber der Kommission die Entlastung erteilen. Das heißt, die Abgeordneten müssen nach jedem Finanzjahr bestätigen, dass der Haushalt ordentlich umgesetzt wurde. Damit besitzt das Parlament ein wichtiges Druckmittel gegenüber der ansonsten ungleich stärkeren Kommission.

Zum ersten und bisher einzigen Mal rebellierten die Abgeordneten 1998 während der Affäre um die französische Forschungskommissarin Edith Cresson, die einen befreundeten Zahnarzt als Berater für ein Aids-Programm eingestellt hatte. Weil die Kommission sich uneinsichtig zeigte, verweigerte das Parlament die Entlastung – zum Schluss mussten Kommissionspräsident Jacques Santer und sein gesamtes Team gehen. Das Parlament stand mit seiner Kritik an der Haushaltsführung der Kommission nicht alleine: Der Europäische Rechnungshof, der seit 1977 die Finanzen der Gemeinschaft prüfte, hatte zuvor der Kommission die

Zuverlässigkeitserklärung verweigert – und legitimierte so die Aktionen des Parlaments, die zum Rücktritt der Santer-Kommission führen.

Weil in den Achtzigerjahren, nach den Beitritten der ärmeren europäischen Länder, das Geld knapp war, stritten Kommission, Rat und Parlament immer wieder um den Haushalt. Daher einigte man sich, das Budget zu begrenzen und gleich für fünf Jahre einen Finanzrahmen zu beschließen, der zunächst 1988 bis 1992 – den Beginn des vollendeten Binnenmarktes – galt. Mit dieser «Finanziellen Vorausschau» sollten die explodierenden Agrarausgaben begrenzt werden. Seit dieser Zeit müssen die Mitgliedsländer auch wieder einen Anteil nach Brüssel überweisen, der sich aus ihrem Bruttonationaleinkommen errechnet – womit die reichen mehr, die armen weniger zahlen. Zum Ausgleich wurde eine rote Linie eingezogen: Heute darf der Gemeinschaftshaushalt nicht mehr als 1,24 Prozent des europäischen Bruttonationaleinkommens betragen.

Mit dem Vertrag von Maastricht entstand die Europäische Union, welche die Wirtschaftsgemeinschaft EWG zu einem politischen Bund erweiterte. Außerdem wurde der «Kohäsionsfonds» eingerichtet, um die ärmsten Mitgliedstaaten zu päppeln und so den Zusammenhalt der EU zu stärken. Entsprechend stiegen die Strukturausgaben weiter an. Der dritte Finanzrahmen, der das Budget für den Zeitraum von 2000 bis 2006 festzurrte und zum ersten Mal in Euro erstellt wurde, war bereits ein Balanceakt: Auf der einen Seite erwarteten die zehn neuen, allesamt wenig zahlungskräftigen Länder, die 2004 beitreten sollten, üppige Finanzspritzen. Auf der anderen Seite plagten sich viele Altmitglieder mit Haushaltsdefiziten, auch weil sie wegen des in Maastricht beschlossenen Stabilitätspakts nicht einfach mehr Schulden machen durften.

Jetzt also gilt der vierte Finanzrahmen, der in der denkwürdigen Brüsseler Nacht im Dezember 2005 beschlossen wurde. 864 Milliarden Euro spendierte sich damals die Europäische Union für sieben Jahre; netto, das heißt unter Berücksichtigung der Inflation, wird die EU allerdings 974 Milliarden Euro ausgeben. Das jährliche Budget steht ungefähr fest, wird aber alle zwölf Monate aufs Neue ausgehandelt. 2009 umfasst der Haushalt 135 Milliarden Euro – das sind drei Prozent mehr als im Vorjahr. Umgerechnet auf die EU-Bevölkerung heißt das: Jeder Bürger zahlt etwa 235 Euro für Brüssel. Absolut gesehen, ist das Budget 2009 eine Rekordsumme, nie zuvor konnte Brüssel so viel Geld verteilen. Verglichen mit dem Bundeshaushalt nehmen sich die Brüsseler Ausgaben dennoch bescheiden aus: Berlin gibt im Jahr 2009 immerhin 288,4 Milliarden Euro aus – das ist mehr als doppelt so viel.

Das Einkommen der EU ist ein höchst kompliziertes Gebilde, das sich aus unterschiedlichen Einnahmequellen speist. Finanziert wird das Budget heute zu mehr als zwei Dritteln aus den Mitgliedstaaten, die anteilig ihres Bruttonationaleinkommens einen Scheck nach Brüssel schicken. (Seit ein paar Jahren verwendet man BNE statt Bruttosozialprodukt – das BNE ist im Wesentlichen das Bruttoinlandsprodukt zuzüglich der Einkommen, die vom Ausland ins Inland geflossen sind, und abzüglich jener, die ins Ausland gewandert sind). Für 2007 sahen die Zahlen in etwa so aus: Die EU-Mitglieder zahlten 81 Milliarden Euro dieser «BNE-Eigenmittel». Weitere 19 Milliarden Euro kamen aus den Mehrwertsteuer-Eigenmitteln, einer Abgabe, die sich nach der Höhe der im Mitgliedsland erhobenen Mehrwertsteuer berechnet (entsprechend 16 Prozent). 16 Milliarden Euro treibt die EU in Form von Zöllen ein, die im Handel mit Nicht-EU-Staaten erhoben werden. Schließlich fließen immerhin knapp drei Milliarden Euro als Zuckerabgaben. Anderthalb Milliarden Euro nimmt die Europäische Union noch durch Überschüsse aus Vorjahren, Zinserträge, Mieteinnahmen sowie Buß- und Zwangsgelder ein. Deutschland hat im Jahr 2007 knapp 25 Milliarden Euro nach Brüssel überwiesen, das entspricht einem Fünftel der gesamten Eigenmittel des EU-Haushaltes.

Europas Haushalt ist auch deshalb so kompliziert geworden, weil die Mitglieder argwöhnisch darauf achten, dass sie nicht benachteiligt werden. Es ist ähnlich wie beim deutschen Steuersystem: Der Versuch, alle möglichst gerecht zu behandeln, hat zu einem Wust von Regeln und Ausnahmen geführt – um eine Steuererklärung auszufüllen, muss man schon fast einen Abschluss in

Betriebswirtschaft haben. In der EU kommt erschwerend hinzu, dass der Haushalt einstimmig verabschiedet werden muss: Einzelne Länder können daher mit ihrem Vetorecht Zugeständnisse erzwingen. Über die Jahrzehnte hinweg ist durch ständiges Drehen und Nachjustieren eine Vielzahl an Absurditäten entstanden. Neben dem Britenrabatt etwa ist das der «Rotterdam-Antwerpen-Effekt»: Die EU erhebt beim Handel mit Nichtmitgliedern Zollgebühren. Dabei ziehen jene Länder die Zölle ein, in denen die Waren eintreffen, nicht jene, wo sie verbraucht oder weiterverarbeitet werden. Sie dürfen seit 2000 immerhin ein Viertel der Zolleinnahmen behalten, den Rest müssen sie an Brüssel überweisen. Für Belgien und die Niederlande, in deren Häfen ein Großteil der Container für die gesamte EU ankommt, ist das ein lukratives Zuschussgeschäft.

Die Einigung auf einen Finanzrahmen bis 2013 hat den Haushalt nicht transparenter gemacht, ganz im Gegenteil: Peter Becker von der Berliner Stiftung Wissenschaft und Politik hat 18 insgesamt zehn Milliarden Euro schwere Sonderregelungen gezählt – beim vorhergehenden Sieben-Jahres-Budget waren es nur 13 Sonderregeln, die gut fünf Milliarden Euro ausmachten. Zum Beispiel hat Polen für seine ärmsten Regionen zusätzliche Mittel erhalten, Estland, Lettland sowie die Einzugsgebiete von Prag und Budapest werden üppiger bedacht. Auch Deutschland hat sich für die neuen Bundesländer, die normalerweise keine Strukturmittel mehr erhalten sollten, Geld gesichert. Das Haushaltspaket enthält auch, abgesehen von der komplizierten Korrektur des Britenrabatts, Sonderparagrafen für die Mehrwertsteuer- und BNE-Eigenmittel für mehrere Länder, darunter Deutschland. Eine «systemisch angelegte Tendenz zur Intransparenz» diagnostiziert EU-Experte Peter Becker.

«Noch komplexer und unübersichtlicher» als frühere Haushalte beurteilte auch der Europäische Rechnungshof den neuen Finanzrahmen. Denn Sonderregeln haben sich als äußerst langlebig erwiesen, wie das Beispiel Britenrabatt zeigt: Wer einmal Privilegien zugesprochen bekommen hat, gibt sie so schnell nicht wieder auf.

Schlimmer noch: Weil die Mitglieder sich in Verteilungskämpfen zerfleischen, verliert die Union den Blick für die großen Ziele.

Wie kann Europa vorankommen, welche gemeinsamen Projekte bringen den größten Mehrwert? Das sollten eigentlich die wesentlichen Fragen sein. Die Verteilungskämpfe aber führten zu falschen Schwerpunkten, kritisiert Becker.

Das lässt sich am Haushalt 2009 deutlich ablesen, dessen Löwenanteil für zwei große Haushaltsposten ausgegeben wird: Für die Bauern der 27 Mitgliedstaaten sollen von den für 2009 vorgesehenen 135 Milliarden Euro voraussichtlich 59 Milliarden Euro fließen – entsprechend knapp 43 Prozent. Diese Subventionen für Landwirte heißen übrigens inzwischen Mittel für die «Bewahrung und Bewirtschaftung der natürlichen Ressourcen». Das klingt hübscher, und dann denkt der EU-Bürger an blühende Bergwiesen, mit Mohn durchsetzte Weizenfelder und glückliche Kühe auf der Weide – statt an Milchquoten, Mastfabriken für Schweine oder endlose Maismonokulturen. Fast 60 Milliarden Euro – das entspricht knapp 45 Prozent – sind für «Wettbewerbsfähigkeit für Wachstum und Beschäftigung» reserviert: So heißen die früheren Strukturmittel, mit denen die ärmeren Regionen unterstützt werden.

Vergleichsweise bescheiden nehmen sich die anderen Posten aus: 1,5 Milliarden werden für «Unionsbürgerschaft, Freiheit, Sicherheit und Recht» ausgegeben – dazu zählen die gemeinsame Polizei Europol, die Bewältigung der Flüchtlingsströme wie auch das Öffentliche Gesundheitswesen und der Verbraucherschutz. Die «EU als globaler Partner» umfasst insgesamt 7,4 Milliarden Euro, wobei die Hilfen für zukünftige Mitglieder oder Nachbarschaftspolitik den Löwenanteil ausmachen. Für die Außen- und Sicherheitspolitik – wobei das meiste in die Verwaltung des Kosovo fließt – sind nur knapp 300 Millionen Euro reserviert. Schließlich muss die EU sich auch selbst verwalten, Kostenpunkt: 7,7 Milliarden Euro.

Eine «historische Wende für die EU» hatte Haushaltskommissarin Dalia Grybauskaite den Haushalt des Vorjahres 2008 genannt, der von seiner Aufteilung dem Budget 2009 ähnelt. Zum ersten Mal entfalle der größte Teil der Ausgaben auf Wachstum und Beschäftigung und nicht mehr auf Landwirtschaft, erklärte Grybauskaite ihre Begeisterung, als sie im Frühsommer 2007 den

Haushaltsentwurf der Kommission vorstellte. Die Dame stammt aus Litauen, und eigentlich würde man einer Baltin ein Urteil darüber zutrauen, was historisch ist. Historisch ist mit Sicherheit der Zerfall der Sowjetunion, der es ihrem Land ermöglichte, der EU beizutreten. Der Haushalt 2008 gehört aber ebenso sicher nicht in die Kategorie historischer Ereignisse.

Auch Kommissionspräsident José Manuel Barroso schwelgte damals in Superlativen und meinte, dass nun endlich das «Europa der Ergebnisse» Erfolge zeitige. Dieses Europa der Ergebnisse war die Zauberformel, mit der man die EU nach den gescheiterten Abstimmungen über den Verfassungsvertrag den Bürgern nahebringen wollte, statt sich in endlosen Debatten über Institutionen und Verträge zu verlieren. Welche Ergebnisse, dürfte mancher sich verwundert fragen. Zwar ist richtig, dass die EU für «Wachstum und Beschäftigung» nun fast 45 Prozent ihres Budgets ausgibt – für die Landwirtschaft, pardon: «Bewahrung und Bewirtschaftung natürlicher Ressourcen» sind «nur» noch knapp 43 Prozent vorgesehen.

Doch die Prozentspielereien beruhen auf Buchungstricks, die den Posten «Wettbewerbsfähigkeit für Wachstum und Beschäftigung» nun plötzlich auf 59 Milliarden Euro wachsen lassen. Denn zum Wettbewerbsposten zählen nun eben nicht mehr nur die klassischen Strukturmittel wie der Kohäsionsfond, der die armen Regionen Europas voranbringen soll. Dazu gehören nun auch – und das ist anders als früher – die Ausgaben für Forschung, Verkehr und Energie, für das Satellitennavigationssystem Galileo und das Europäische Technologieinstitut EIT. Zur Belebung der Wirtschaft rechnet Grybauskaite großzügig auch Betrugsbekämpfung, Kommunikation und Statistik wie auch Bekämpfung der Steuerflucht, Inspektionen von Nuklearanlagen und Unterstützung nationaler Zollbehörden. Zum Posten gehören außerdem: Gleichstellung der Geschlechter, Hilfen für Beitrittskandidaten und der Globalisierungsfonds für Beschäftigte verlagerter Betriebe. Findige Beamte in der Generaldirektion Haushalt werden sich gedacht haben, dass all diese Maßnahmen schließlich Jobs schaffen.

Man könnte es auch kreative Buchführung nennen. Denn immerhin 48 Milliarden Euro werden für klassische Strukturfonds zur Verfügung gestellt. Und davon dürfte nur ein Bruchteil Europas Wirtschaft nachhaltig innovativ machen und den beim Gipfel 2000 in Lissabon vereinbarten Zielen Wachstum und Beschäftigung zugute kommen. Das meiste Geld wird immer noch für Straßen, Krankenhäuser und Theater ausgegeben: 82 Prozent der Mittel sind für Europas ärmste Regionen vor allem in den neuen Mitgliedstaaten bestimmt, damit diese irgendwann einmal mit den Altmitgliedern der EU gleichziehen können. Es handelt sich demnach mehr um einen Finanzausgleich als um die Förderung von Innovationen und Arbeitsplätzen.

Und so fließt immer noch mehr Geld in Beton als in Köpfe. Denn die Verpflichtung, wenigstens 60 Prozent der Mittel für die Wettbewerbsfähigkeit der Wirtschaft aufzuwenden, gilt nur für Förderregionen in den alten, nicht jedoch in den neuen Mitgliedsländern. Die nutzen die Freiheit weidlich aus. Von den 67 Milliarden Euro, die Polen, neuerdings größter Empfänger von EU-Hilfen, bis 2013 erhält, steckt Warschau gut die Hälfte in Infrastrukturprojekte – vorrangig in Autobahnen. Für Forschung, Innovation und Bildung, sogenannte Kernaufgaben der Lissabon-Strategie, bleibt weniger als ein Drittel. «Mittel für erneuerbare Energien und Forschung fließen besonders schlecht ab», bemängelt Inge Gräßle (CDU), Mitglied des Haushaltskontrollausschusses des Europaparlaments, im Hinblick auf das Budget 2008. Dabei propagiert die Kommission diese als den «europäischen Mehrwert» der Strukturförderung, der einen schnellen Aufholprozess garantiere. Lediglich Ungarn und die baltischen Länder kommen der Zielmarke von 60 Prozent nahe.

«So können wir nicht weitermachen», hatte Österreichs Bundeskanzler Wolfgang Schüssel nach dem Dezember-Gipfel 2005 in Brüssel gewarnt, «beim nächsten Mal gehen wir uns an die Gurgel.» Damals hatte man – ein kleines Zugeständnis an Fundamentalkritiker Tony Blair – vereinbart, über Reformen des Haushalts zumindest zu reden. 2007, so beschlossen die Staats- und Regierungschefs, sollte die Kommission eine Debatte über die Modernisierung des Budgets einleiten. Das tat dann auch Kommissionspräsident José Manuel Barroso pflichtgemäß im September 2007. Bedeutungsschwer sprach er von neuen «Visionen für

Europa», als er ein Internetportal der Kommission eröffnete. Per Mausklick können alle – ob nationale Regierungen, Wirtschaftsverbände, Finanzwissenschaftler oder ganz normale EU-Bürger – ihre Meinung online kundtun: welche Schwerpunkte die Union für die Zukunft setzen soll, wie sie das Geld am besten ausgeben kann und bis wann der Haushalt verändert werden soll – sofort oder erst nach 2013. Eine «Debatte ohne Tabus über künftige europäische Politikinhalte» versprach Barroso. Alles werde diskutiert werden, beteuerte der Portugiese, auch der Britenrabatt und die Agrarförderungen.

Tatsächlich muss man fürchten, dass es eine Debatte ohne Folgen bleiben wird. Die Kommission selbst hat ein «Positionspapier» ins Netz gestellt. Standpunkte enthält es freilich nicht, nur Worthülsen wie Interdependenz, Multilateralismus und Achtung der Menschenrechte. Kurzum: Europa ist wichtig und soll es in Zukunft bleiben. Bei ihrer Vorlage verzichtet die Kommission aber darauf, irgendwelche Anstöße zu geben. Weder schlägt Haushaltskommissarin Dalia Grybauskaite vor, Agrarsubventionen zu kürzen, noch regt sie an, wie ungleiche Lastenverteilungen in Zukunft vermieden werden können. Die Kommission wolle, rechtfertigt die Kommissarin, keine Vorgaben machen. Sonst sei die Befragung von Staaten und Bürgern schließlich nicht «ergebnisoffen». Dabei hatte man 2005 in Brüssel vereinbart, das Budget ganz konkret zu überprüfen. Die Kommission hatte den Auftrag erhalten, auch die Struktur des Haushalts vor 2013, wenn der Finanzrahmen ausläuft, zu ändern.

Es stimmt, dass die Kommission gewichtigere Sorgen als den Haushalt hat. Die wirklich große Baustelle heißt Vertrag von Lissabon. Wie es mit der gescheiterten Verfassung weitergeht, ist völlig unklar, da mag Kommissionschef Barroso nicht noch ein weiteres Gebäude einreißen. Zumal er genau weiß, dass es dabei auch Verletzte geben muss.

Denn im Grunde halten die Mitgliedstaaten an ihren Pfründen fest. Und eigentlich interessiert sie nur die Frage: Wie viel bekommt wer aus dem Milliardentopf zurück? Eine «Politik der Beharrung» zeichne sich ab, fürchtet EU-Experte Peter Becker in einer ersten Analyse der Positionen der Regierungen zum Reformpapier der Kommission, die im Internet veröffentlicht sind. Demnach scheinen die Nationalstaaten nicht ernsthaft bereit zu sein, radikale Änderungen anzustoßen, warnt der Forscher von der Stiftung Wissenschaft und Politik. Eine einmalige Reformchance drohe vertan zu werden.

Das freilich wäre nicht das erste Mal. 2003 hatte der Bericht einer hochrangigen Ökonomengruppe für Aufsehen gesorgt. Unter dem Titel «Eine Agenda für ein wachsendes Europa» hatten führende Wirtschaftsexperten im Jahr 2003 Vorschläge gemacht, wie sich die EU-Mittel so nutzen lassen, dass tatsächlich mehr Arbeitsplätze entstehen und Europas Wirtschaft wächst – so wie Europas Regierungschefs es sich mit der «Agenda von Lissabon» im Jahr 2000 vorgenommen hatten. Die Expertenrunde unter der Leitung des Belgiers André Sapir, die im Auftrag des damaligen Kommissionspräsidenten Romano Prodi arbeitete, forderte nicht weniger, als das Budget der Europäischen Union radikal umzugestalten. Die Mittel des Regional- und Strukturfonds sollten nur noch für die ganz armen Regionen – damals im Wesentlichen die Beitrittskandidaten in Osteuropa – fließen. Die Agrarbeihilfen sollten drastisch gekürzt werden, und im Prinzip sollten die Mitgliedsländer sich langfristig wieder selbst um ihre Bauern kümmern. Das Geld, das frei werde, sollte nach Meinung der Fachleute dort investiert werden, wo es tatsächlich etwas bewirkt: bei der Weiterbildung von Menschen sowie in Forschung und Entwicklung. Vor allem große gemeinsame Projekte wie das Satellitensystem Galileo, von dem das folgende Kapitel handelt, erzeugen einen europäischen Mehrwert, weil sie mehr sind als nur die Summe kleiner nationaler Vorhaben.

Stolz präsentierte Prodi die Ideen seines belgischen Experten. Doch kaum waren die Vorschläge in der Welt, erhob sich der Chor der Kritiker, die Sapir und seine Kollegen als revolutionär und unrealistisch geißelten. Selbst Prodis Kommissare schimpften – Agrarverwalter Michel Barnier bezeichnete das Papier als «unsinnig». In der Tat hatten sich die Regierungschefs im Jahr 2002 darauf geeinigt, die Agrarbeihilfen bis 2013 nicht anzutasten. Realpolitisch gesehen, mag es stimmen, dass Sapirs Thesen kaum umzusetzen gewesen wären. Andererseits wird es ohne einen radikalen Schnitt nie gelingen, aus dem Automatismus von purer Umverteilung auszubrechen.

Dass Barroso jetzt weder die Mittel noch den Willen hat, als großer Reformer in die Geschichte der EU einzugehen, zeigen auch die kosmetischen Einschnitte, die seine Agrarkommissarin Marianne Fischer Boel im Frühjahr 2008 vorstellte. Der «Gesundheitscheck» der EU-Landwirtschaftsausgaben sieht nur leichte Anpassungen vor: So sollen Großbetriebe weniger Subventionen erhalten. Die Milchquoten sollen wieder steigen und 2015 ganz abgeschafft werden. Außerdem kappt Brüssel endgültig die Stilllegungsprämie, mit der man es Bauern in den Zeiten der Überproduktion schmackhaft gemacht hatte, ihre Felder nicht zu bestellen. Mehr Reformen wagt Fischer Boel nicht, der Druck von Bauernverbänden ist zu groß. Dabei weiß jeder Regierungschef, dass es ohne grundlegende Einschnitte bei den Bauernbeihilfen kaum eine Chance geben wird, sich auf einen neuen Finanzrahmen für die Zeit nach 2013 zu einigen.

Europas Haushalt ist jedoch nicht nur kompliziert und nicht mehr zeitgemäß, sondern auch hochgradig betrugsanfällig. Alle Jahre wieder bescheinigt der Luxemburger Rechnungshof der Kommission, dass sie mit ihren Buchungen schlampig umgeht: Für einen Großteil der Mittel verweigern die Rechnungsprüfer die Unbedenklichkeitsbescheinigung. Seit 1994, als der Hof mit der Prüfung begann, heißt es so oder ähnlich: «Zu den meisten Ausgabenbereichen – Landwirtschaft, Strukturmaßnahmen, interne und externe Politikbereiche – gibt der Hof negative Prüfungsurteile in Bezug auf Rechtmäßigkeit und Ordnungsmäßigkeit ab.» Der Grund liegt in einer zu hohen Fehlerquote.

Jahr für Jahr durchforsten die Prüfbeamten, die auf dem Plateau du Kirchberg oberhalb der Stadt sitzen, den Haushaltsbericht der Kommission. Sie prüfen Postenverteilung und nehmen Stichproben. So haben sie für das Haushaltsjahr 2006 in 177 Fällen untersucht, ob Strukturhilfen tatsächlich korrekt ausgegeben wurden. Zwölf von hundert Euro hätten nicht bewilligt werden dürfen, steht im Rechnungshofbericht für das Haushaltsjahr 2006. Das heißt: Knapp vier Milliarden Euro sind unrechtmäßig in Strukturmaßnahmen geflossen, ein beträchtlicher Batzen. Im

Agrarsektor, in dem 50 Milliarden Euro ausgegeben wurden, habe sich die Situation zwar 2006 verbessert, so der Bericht, weil zunehmend Mittel über das neue betrugssicherere «Integrierte Verwaltungs- und Prüfsystem» abgerechnet werden. Doch auch hier zeigten Stichproben immer noch gravierende Fehler. Ärgerlich ist nach Meinung des Rechnungshofes zum Beispiel auch, dass, seitdem in etlichen Mitgliedstaaten nur die Bewirtschaftung der Flächen gefördert wird, plötzlich massenweise Golfplätze in den Genuss von EU-Subventionen kommen.

Mal sind die EU-Regeln unbekannt, mal werden sie fahrlässig angewendet, monieren die Rechnungsprüfer. Zuweilen werde EU-Geld auch durchaus in betrügerischer Absicht erschlichen. Da setzen Forscher eben mal zu hohe Projektkosten an, Bauern deklarieren Flächen, die es gar nicht gibt, oder beim Bau einer Straße wird doppelt so viel Kies abgerechnet wie eigentlich benötigt. Schelte muss die Kommission auch dafür einstecken, dass sie bei Agrar- und Strukturmitteln nicht oft und gut genug kontrolliert, obwohl sie weiß, dass die Fehlerquote hoch ist. Eine «wesentliche Fehlerquote» beklagte der Rechnungshof auch bei den 5,2 Milliarden Euro, welche die EU für Nahrungsmittelhilfe, humanitäre Hilfe und die Förderung von Nichtregierungsorganisationen ausgab.

Neben den regelmäßigen Berichten über das EU-Budget knöpft sich der Rechnungshof gelegentlich auch Einzelposten vor. So prüfte er die gesamten Forschungsausgaben der letzten zwölf Jahre. Die Mittel, die aus Brüssel in nationale Labors fließen, sind in sogenannten Rahmenprogrammen von mehreren Jahren organisiert, drei solcher Programme gab es von 1995 bis 2006. Doch bei der Abwicklung dieser milliardenschweren Vorhaben gab es gravierende Mängel, monierte der Europäische Rechnungshof in einem im Januar 2008 veröffentlichten Sonderbericht: Die Kommission definiere die Ziele der Programme nur unzureichend, und ebenso unzureichend prüfe sie die erbrachten Leistungen der geförderten Wissenschaftler. «Es gibt kein wirksames Programmcontrolling und keine wirksame Evaluierung», kritisiert der Hof. Zentraler Schwachpunkt bei der Vergabe und Kontrolle der Mittel ist, dass gleich mehrere Kommissare für den Etat zuständig sind:

Nicht nur die Beamten von EU-Forschungskommissar Janez Potocnik wachen über den Milliardenetat, sondern auch mehrere Abteilungen in den Kommissionen für Medien, Verkehr, Energie und Industrie.

Der Vorwurf wiegt umso schwerer, als die EU in der Forschung einen ihrer Schwerpunkte sieht. Auch wenn die EU-Mittel nur fünf Prozent der gesamten Forschungsausgaben in der Union ausmachen, so sei der Einfluss der EU auf die Forschungsthemen doch weitaus größer einzuschätzen, schreiben die Prüfer in ihrem Bericht. Das liegt am System der Kofinanzierung. Brüssel zahlt in der Regel nur einen Teil von meist umfangreichen Projekten, die Mitgliedstaaten steuern weitere Mittel bei. Wenn aber der EU-Beitrag in seiner Wirkung verpufft, dann schadet dies dem gesamten Forschungsvorhaben.

Europa hat sich vorgenommen, in Zukunft mehr in die Köpfe zu investieren als in die Kuhställe – da darf man erwarten, dass dadurch ein Mehrwert entsteht. Zur Forschung bekennen sich Politiker auf der ganzen Welt gerne, und Kommissionspräsident Barroso hatte bei seinem Amtsantritt 2004 das Thema ganz oben auf die Agenda gesetzt. Europa soll schließlich, so hatten es die EU-Staats- und Regierungschefs bereits im Frühjahr 2000 in Lissabon großspurig versprochen, bis zum Jahr 2010 zum «wettbewerbfähigsten und dynamischsten wissensbasierten Wirtschaftsraum der Welt» werden.

Der Mehrwert europäischer Forschung aber ist offenbar derzeit gering: «Im Grunde ist über die Verwirklichung der Ziele und die Ergebnisse der Forschungsprogramme wenig bekannt», schreiben die Prüfer schonungslos und attestieren der Kommission, bei ihrem strategischen Ziel versagt zu haben. Die Bewertung der Programme krankt vor allem an der erwähnten Zersplitterung von Zuständigkeiten: Wie die Rechnungsprüfer herausfanden, mangelt es der Kommission angesichts des Kompetenzwirrwarrs in der Forschungspolitik an einer «umfassenden Evaluierungsstrategie». Die einzelnen Dienststellen bewerteten die Förderprogramme unterschiedlich, sie koordinierten sich nicht.

Ob Forschung, Strukturfonds oder Agrarsubventionen – was die Prüfer anprangern, summiert sich zu einem Tableau mit erheblichen Schwächen. Europa setzt nicht nur falsche Schwerpunkte, die Mittel werden auch noch verschleudert, im schlimmsten Fall veruntreut. Dass der EU-Haushalt grundsätzlich betrugsanfällig ist, wie der Politikwissenschaftler Florian Neuhann in seinem Buch «Im Schatten der Integration» schreibt, liegt in der Natur des Budgets: 88 von hundert Euro, die Brüssel ausgibt, sind Subventionen. Das ist enorm viel, verglichen mit den Ausgaben von Nationalstaaten. Der deutsche Staat, der zu den subventionsfreudigsten in Europa gehört, gibt – je nach Schätzungen – zwischen zehn und 20 Prozent des Bundeshaushaltes für Beihilfen aus.

Subventionen aber machen die Empfänger abhängig von der Hilfe des Staates. Wer Beihilfen erhält, verspürt keinen Druck, etwas zu ändern – ob das nun der Bauer ist, der von Brüssel unterstützt wird, oder der Sozialhilfeempfänger. Auch Regionen können abhängig, ja regelrecht süchtig werden von den EU-Strukturmitteln. Subventionen, warnen Volkswirte, verzerren den Wettbewerb.

Subventionen laden auch, so eine Erkenntnis aus der Kriminologie, zum Betrug ein. Schließlich muss der Empfänger dafür keine Gegenleistung erbringen, die sich auf dem Markt messen lässt. Wenn ein Bauer im Allgäu Geld dafür bekommt, dass er eine Wiese nicht mehr mäht, dann ist das Landschaftspflege. Deren Wert ist ideell – der Bauer sorgt dafür, dass die Wiese nicht von Sträuchern überwuchert wird. Mit Landwirtschaft aber, die der Erzeugung von Nahrungsmitteln dient, hat solch eine Subvention rein gar nichts mehr zu tun.

In der EU verstärkt sich das kriminelle Potenzial der Subventionen, ist der Freiburger Jurist Ulrich Sieber überzeugt: Sie würden nämlich durch einen «einschlägigen Lobbyismus» fehlgeleitet. Zudem sind Zölle und Beihilfen an Bedingungen geknüpft, die oft schwer überprüfbar sind: Wenn etwa gewöhnlicher Knoblauch aus China mit einem Strafzoll belegt ist, der einzehige «Elefantenknoblauch» oder ein gefriergetrocknetes Präparat aber nicht, dann ist das nicht nur schwer verständlich. Man macht es auch Betrügern leicht, die Regeln zu umgehen.

80 Prozent der EU-Mittel werden von den Mitgliedstaaten verwaltet. Formal ist zwar die Kommission dafür verantwortlich,

dass das Geld richtig ausgegeben wird. Tatsächlich muss sie sich auf die Mitgliedstaaten verlassen, dass diese vor Ort die Mittel richtig verteilen beziehungsweise ausreichend kontrollieren, um potenzielle Betrüger abzuschrecken. Doch die Mitgliedstaaten gehen nach Meinung vieler Experten eher lax mit Europas Geld um, der Kampf gegen den Betrug an EU-Mitteln hat nicht oberste Priorität, wie in der Folge noch beschrieben wird. Polizei und Strafverfolger müssen bei ihren Ermittlungen an den Staatsgrenzen haltmachen, argwöhnisch wachen die Mitgliedstaaten über ihre nationalen Kompetenzen. Das erschwert es, Subventionsbetrüger zu verfolgen und zu verurteilen. Die organisierte Kriminalität nutzt das weidlich aus: Waren werden über Grenzen verschoben, die Herkunft von Gütern wird verschleiert. «Die Kommission kann nicht allein für Haushaltsbetrug verantwortlich gemacht werden», resümiert ein Bericht des britischen Oberhauses von 2006. Eigentlich müssten die Mitgliedstaaten kontrolliert werden, schreiben die Lords in ihrem Papier.

«Kollektive Verantwortungslosigkeit» werfen auch die EU-Abgeordneten den Mitgliedstaaten beim Umgang mit Geldern aus dem Gemeinschaftshaushalt vor. So steht es in einem Bericht des Haushaltskontrollausschusses. Tatsächlich ist es höchst problematisch, dass die Kommission keinen Einblick erhält in die Mittelverwaltung vor Ort. Es sei unglaublich, kritisiert auch Marta Andreasen in einem Aufsatz, dass vier Fünftel des Budgets an die Mitgliedstaaten überwiesen würden, ohne dass die Rechtmäßigkeit der Mittelvergabe geprüft werden könne. Andreasen war einmal Chefbuchhalterin der Brüsseler Haushaltsabteilung. Sie wurde 2002 gefeuert, weil sie allzu offen die mangelhafte Buchhaltung der Kommission kritisierte.

Die US-Wissenschaftlerin Carolyn M. Warner meint sogar, dass Korruption in der EU systemisch ist: Europa habe sich einen gemeinsamen Markt geschaffen, ohne jedoch die notwendigen Strukturen in Politik und Justiz aufzubauen, welche Betrug verhindern können oder zumindest eindämmen. Sie haben, schreibt Warner in ihrem 2008 erschienenen Buch «The best system money can buy», einen dicken Teppich von Verordnungen und Direktiven geschaffen, die aber mangels Mitteln und politischen Willens nicht kontrolliert würden. Zu glauben, dass freier Handel und Wettbewerb Korruption verhindere, sei naiv, ist Warner überzeugt: Zu viel Wettbewerb könne sogar Korruption fördern, weil Firmen dann eher bereit seien, Bestechungsgeld zu zahlen, um an einen Auftrag zu kommen.

Immerhin gibt es inzwischen zaghafte Versuche, mehr Licht in das finanzielle Dickicht der EU zu bringen: Seit Anfang Oktober 2008 können Europas Bürger im Internet nachlesen, wer Geld aus Brüssel erhält. Mittels einer Suchmaschine lassen sich die Beihilfeempfänger nach Regionen und Themenbereichen erforschen. Vorläufig sind allerdings nur jene 28 000 Empfänger gespeichert, die im Jahr 2007 Geld direkt aus Brüssel erhalten haben – dabei handelt es sich um Projekte in Forschung, Bildung, Energiepolitik oder Verkehr. Diese Ausgaben summierten sich 2007 auf insgesamt zehn Milliarden Euro, entsprechend acht Prozent des Budgets. Die größten Batzen erhielten Rumänien, Bulgarien sowie die Europäische Investmentbank. Nach Deutschland floss insgesamt etwas mehr als eine Milliarde Euro. Die größte Einzelsumme – 43 Millionen Euro – ging an den Deutschen Akademischen Austauschdienst (DAAD), der Austauschprogramme für Studenten und Wissenschaftler finanziert. Weitere Nutznießer der EU-Mittel waren das Bundesinstitut für Berufsbildung, die Max-Planck-Gesellschaft, die Universität Hamburg sowie der Automobilzulieferer VDO, der inzwischen zum Konzern Continental gehört.

Mehr Transparenz gibt es auch bei der «Förderung des ländlichen Raumes» – der Posten umfasst zwölf Milliarden Euro an Regionalmitteln. Bis spätestens April 2009 müssen die Mitgliedsländer die Empfänger offenlegen – auch Deutschland, das sich lange dagegen gesperrt hatte. Im Frühjahr 2009 sollen dann auch die Direktzahlungen an die Bauern veröffentlicht werden. In Deutschland sind das im Durchschnitt 300 Euro pro Hektar, insgesamt 6,5 Milliarden Euro. In der EU summieren sich die Beihilfen auf insgesamt 42 Milliarden Euro. Ohne die Unterstützung von Organisationen wie Oxfam und Greenpeace wäre wohl aus der Bekanntmachung von Subventionsempfängern so schnell nichts geworden. Neben Berlin waren auch Frankreich und Spanien – die größten Nutznießer der Agrar- und Struktursubventionen – Sturm gegen mehr Transparenz gelaufen.

Die neue Offenheit kann der EU nur guttun. Wer einen Blick in die Haushaltsbücher werfen darf, lässt sich eher davon überzeugen, dass nicht sinnlos Geld verschleudert wird. Wenn es stimmt, was Verwaltungskommissar Siim Kallas gerne betont, dass nämlich EU-Programme Bürgern, Wirtschaft und Gesellschaft dienen, dann lässt sich das ja belegen. Und mehr Transparenz kann wiederum die notwendige Debatte um die richtige Verwendung von EU-Mitteln anfachen.

Kapitel 2
Galileo und die Absahner

Es hätte eine wunderbare Erfolgsgeschichte werden sollen, eine europäische Saga. Der Plot: Das kleine Europa bietet dem großen Amerika die Stirn. Mit eigenen Satelliten befreit sich die Europäische Union aus den Klauen des US-Militärs und baut sich ein eigenes Ortungs- und Navigationssystem, ähnlich wie das amerikanische Global Positioning System (GPS) – nur besser, genauer und zuverlässiger. Und macht damit auch noch Geld. Denn Galileo verschafft Europas Raumfahrtindustrie nicht nur lukrative Aufträge, sondern über Jahrzehnte hinweg Milliardeneinnahmen aus der Nutzung des hochpräzisen Navigationssystems mit seinen 30 Satelliten. Mensch und Wirtschaft profitieren gleichermaßen: Galileo-Signale weisen per Handy den Weg zur nächsten Pizzeria, leiten Rettungsdienste schnell zum Einsatzort, lassen Flugzeuge pünktlich landen und Lastwagen einen Stau umfahren und helfen verirrten Bergsteigern.

So dachte man zumindest noch um die Jahrtausendwende, als Europas Politiker das Vorzeigeprojekt beschlossen und ihren Bürgern 100000 neue Arbeitsplätze versprachen. Galileo, nach Airbus das bislang größte Industrievorhaben der Gemeinschaft, sollte ein europäischer Kraftakt werden, ein Symbol für die Macht der Union. Die Wirklichkeit ist dagegen ernüchternd und traurig zugleich, belegt sie doch einmal mehr, dass in Europa nicht das gemeinsame Interesse zählt, sondern vorrangig das Geld, das aus Brüssel in die eigene Tasche zurückfließt. Die EU ist zu einem Europa der Egoisten geworden, die sorgsam darauf achten, dass ja nicht ein Land einen Euro mehr bekommt, als ihm zusteht.

Nationale Eitelkeiten statt gemeinsamer europäischer Strategie, das Pochen auf dem Prinzip des «juste retour», des gerechten Rückflusses von EU-Mitteln in die Mitgliedstaaten, die Gier der darbenden Raumfahrtindustrie nach Aufträgen: Es ist eine allzu bekannte Mischung aus Gründen, die Galileo um Jahre zurückgeworfen haben – wenn die Satelliten denn überhaupt noch abheben werden. Ursprünglich für 2008 geplant, umkreisen bislang erst zwei kümmerliche Galileo-Trabanten den Globus. Frühestens 2013, schätzen Experten, können die ersten Signale aus dem All für die Ortung und Navigation auf der Erde genutzt werden.

Zwar haben Europas Verkehrsminister Ende 2007 den Startschuss für einen neuen Anlauf für Galileo gegeben, und im Frühjahr 2008 nickte das Europaparlament das 3,4-Milliarden-Euro-Projekt ab. Im letzten verzweifelten Versuch, das blamable Scheitern noch abzuwenden, haben EU-Regierungschefs die Zügel an sich gerissen und der bereits beauftragten Industrie die Regie entzogen. Schließlich sind bereits 2,5 Milliarden Euro in die Entwicklung geflossen, die unwiederbringlich verloren gewesen wären. Nun werden Europas Steuerzahler die Rechnung für Galileo begleichen. Dabei ist der Nutzen der verspäteten GPS-Konkurrenz fragwürdig. Denn während die Europäer feilschten, haben andere Länder längst eigene Systeme beschlossen. Experten befürchten zudem, dass die Kosten weiter steigen könnten, zum Beispiel, weil die Satelliten schwerer werden als geplant, was zusätzliche Raketenstarts erfordern wird.

Weil Galileo so typisch ist für Europas Eigenart, lohnt ein Blick zurück. Die verkorkste Geschichte des Mammutvorhabens entlarvt, wie sehr die Mitgliedstaaten im Nationaldenken verhaftet sind und wie ihre heimische Raumfahrtindustrie nach Profit strebte. Ursprünglich sollten europäische Firmen das Projekt größtenteils selbst finanzieren und betreiben. Das erschien logisch, schließlich war Galileo – im Gegensatz zum amerikanischen GPS, das vom Militär betrieben wird – als rein ziviles Vorhaben geplant.

Mit Galileo, so argumentierten die Befürworter, sei es nicht mehr möglich, dass Washington, wie im Bürgerkrieg auf dem Balkan geschehen, die Satellitensignale einfach stören oder blockieren würde. Zudem versprach man sich große Gewinne aus den Anwendungen der Satellitensignale aus dem All. Mehrere Milliarden Euro jährlich an Umsatz sagte die EU-Kommission voraus.

Nach einer Entwicklungsphase wurde das Projekt ausgeschrieben, zwei Industriekonsortien bildeten sich. Das war einerseits eine nordeuropäische Gruppe unter der Führung des deutsch-französischen Raumfahrtkonzerns EADS sowie andererseits eine südeuropäische mit der französisch-italienischen Firma Alcatel-Alenia an der Spitze. Doch die Kommission erwies sich als unfähig, eine Entscheidung zu treffen, denn das hätte bedeutet, dass einige Mitgliedstaaten beim Verteilen des Galileo-Kuchens leer ausgegangen wären. Stattdessen beschloss man eine vermeintlich salomonische Lösung. Die zwei Bieterfamilien sollten sich zusammentun, um Galileo aufzubauen. Das Ergebnis: Acht Firmen saßen in einem Boot und blockierten sich wegen konkurrierender Interessen. Sie konnten sich nicht einigen, wer welche Aufträge bekommen sollte, und stritten jahrelang. Viel zu lange ließ die Kommission sich an der Nase herumführen, bis die Politik entschied: Alle sollen von Galileo profitieren, nach dem Modell Airbus. Die Landeklappen des europäischen Fliegers werden in Bremen gebaut, die Kabinen in Hamburg ausgestattet und die Teile schließlich in Toulouse zum Flugzeug zusammengeschweißt.

Auch das Satellitensystem basierte auf einer komplizierten Konstruktion: Die Galileo-Firma sollte formal im französischen Toulouse beheimatet sein, zugleich aber de facto von London aus gesteuert werden. Deutschland und Italien bekamen jeweils ein Kontrollzentrum zugebilligt. Damit Spanien nicht leer ausging, beschloss man, ein drittes Kontrollzentrum zu bauen, obwohl dieses eigentlich überflüssig war.

Doch kurz nachdem der erste Satellit ins All geschossen worden war, begann der Streit aufs Neue. Die zwei beteiligten spanischen Firmen wollten nicht hinnehmen, dass das dritte Kontrollzentrum kleiner sein sollte als die zwei anderen. Prompt intervenierte Madrid in Brüssel. Zudem konnte man sich nicht einigen, welche Firma Galileo betreiben würde. Im März 2007 zog der damalige EU-Verkehrskommissar Jacques Barrot die Reißleine. Er stellte den Unternehmen ein Ultimatum. Die verhielten sich stur und verlangten stattdessen noch höhere staatliche Garantien. Die Industriebosse wollten die Gewinne von Galileo zwar gerne einstreichen, nicht aber das Risiko tragen. «Warum sollten wir Pepsi verkaufen, wenn es Cola umsonst gibt?», zitierte die britische Tageszeitung Financial Times einen Raumfahrtboss. Die GPS-Signale gibt es schließlich für die Nutzer bislang kostenlos.

Das Tauziehen endete damit, dass Europas Regierungschefs beschlossen, Galileo in Gänze öffentlich zu finanzieren. Dafür spendierten sie zusätzlich 2,4 Milliarden Euro aus dem Landwirtschaftsbudget. Insgesamt 3,4 Milliarden gibt es jetzt aus der Brüsseler Kasse, das Vorhaben wurde komplett neu ausgeschrieben. Und zwar so, dass die Mitgliedstaaten entsprechend ihres nationalen Beitrags beteiligt werden. Juste retour eben. Darauf hatte vor allem Deutschlands Verkehrsminister Wolfgang Tiefensee gepocht. Ob das Geld aber überhaupt ausreicht, um Galileo aufzubauen, bezweifeln Experten. Sechs Milliarden könnte es kosten, das Satellitensystem startklar zu haben, schätzt ein Papier des Verkehrsausschusses im britischen Unterhaus. Und schon kommen Stimmen aus der Industrie, die vorsorglich warnen, man werde noch mehr Unterstützung aus Brüssel brauchen.

Die ursprüngliche Logik des Projekts – die Industrie finanziert größtenteils, betreibt und macht den Umsatz – ist jedenfalls gründlich pervertiert. Jetzt subventionieren stattdessen Europas Regierungen ihre jeweiligen Raumfahrtfirmen. Denn die vermeintlich gerechte Vergabe gleicht einem Nullsummenspiel, das nicht die nationalen Stärken für die Gemeinschaft nutzt, sondern nationale Egoismen fördert. Und wenn Europas Bürger Pech haben, werden sie in Zukunft für die Navigationssignale zahlen müssen. Dann hat man ihnen gleich doppelt in die Tasche gegriffen – einmal für den Aufbau, ein zweites Mal für den Betrieb von Galileo.

Die Ironie der fast schon unendlichen Geschichte: Je länger es dauert, bis Galileo einsatzbereit ist, umso teurer wird das Vorhaben werden – ein ehernes Gesetz, das bislang noch für jedes große Projekt gegolten hat. Zugleich aber werden die Profite umso geringer werden. Denn bis 2012 will Amerika sein verbessertes GPS-II fertig haben. China arbeitet ebenfalls an einem eigenen Satellitensystem namens Compass. Und schließlich kündigte Moskau im Sommer 2008 an, dass es sein Navigationssystem Glonass mit sechs weiteren Erdtrabanten ausstatten will, um es sicherer und leistungsfähiger zu machen. Bis 2009 sollen die 18 Satelliten für Russland Signale senden, mit den insgesamt 24 Satelliten will man den Rest der Welt bedienen. Glonass könnte bereits Geschäfte machen, während Galileo noch gar nicht abgehoben hat.

Galileos Geschichte ist also so reich an Versprechen wie an Verzögerungen. Niemand mochte sich so recht dafür entscheiden und all die Konsequenzen tragen, die solch ein teures Projekt mit sich bringt – weder die EU-Staaten noch die Firmen. Dass nun die Regierungen die Rechnung zahlen, liegt weniger an der Überzeugung, dass Galileo ein wichtiges europäisches Projekt ist. Es ist vielmehr dem fatalen Automatismus geschuldet, wonach ein begonnenes Vorhaben kaum mehr zu stoppen ist. Gesiegt hat wieder einmal die typisch europäische Krankheit der einseitigen Vorteilsnahme und der gegenseitigen Blockade. Dass die Kommission sich zwischen zwei Bietern nicht entscheiden konnte und deshalb beide zusammenspannte, ist nicht nur skurril, sondern symptomatisch für eine absurde, durch nationale Egoismen gelähmte Brüsseler Politik.

Hätte Europa gleich beschlossen, dass Galileo nützlich für die Verteidigung der Union sein kann, dann wäre es sinnvoll und legitim gewesen, das Satellitensystem aus Steuermitteln zu finanzieren. Doch Großbritannien sperrte sich von Anfang an gegen die militärische Nutzung – aus Angst, den Bündnispartner USA zu vergrätzen. Auch Washington übte Druck auf die EU aus. Das Ergebnis: Europas Bürger finanzieren mit ihren Steuergeldern die Entwicklung eines Systems, das es mit GPS bereits kostenlos gibt, anders ausgedrückt: Sie subventionieren die nationalen Raumfahrtunternehmen.

Mit dieser kleinkrämerischen Einstellung kann Europa große europäische Projekte nicht stemmen. Geld möglichst nach dem

Gießkannenprinzip zu verteilen – das war jahrzehntelang und ist auch heute noch das Motto der Forschungsförderung. So diskutieren Europas Forscher seit Jahren darüber, dass ihnen weltweit renommierte Universitäten wie Harvard oder Stanford fehlen. Nur die britischen Hochschulen Cambridge und Oxford spielen in der ersten Liga mit. Daher kam die Idee auf, ein europäisches Pendant zum «Massachussetts Institute of Technology» (MIT) zu gründen, ein European Institute of Technology. Doch kaum hatte Kommissionspräsident José Manuel Barroso ein EIT vorgeschlagen, liefen Forscher und Regierungen Sturm gegen das ehrgeizige Projekt. Brüssel solle das Geld lieber an die bestehenden, darbenden Hochschulen überweisen, sagt etwa Oxfords Kanzler, der ehrwürdige Lord Patten. Er sprach damit vielen Wissenschaftlern aus der Seele, die immer gerne darauf pochen, dass Spitzenforschung nicht von oben erzwungen werden könne, sondern selbstorganisiert aus ihrer Gemeinschaft wachsen müsse.

Dabei zeigt gerade das Beispiel USA, dass Politik wie auch Unternehmen und Mäzene gewinnbringend Schwerpunkte für Wissenschaft und Forschung setzen können. Der reiche Forscher William Barton Rogers, der das MIT gründete, Ölmagnat John Rockefeller, der einer Baptistenorganisation Geld für die University of Chicago gab, oder auch der Pfarrer John Harvard, der Bibliothek und Vermögen einem kleinen College in Neuengland vermachte – sie gaben den Anstoß für die Entstehung der weltweit besten Hochschulen. Freilich ist keine dieser Universitäten über Nacht zur Elitehochschule geworden, doch alle haben ein großes Geldgeschenk geschickt genutzt, um ihren Reichtum zu mehren, exzellente Forscher einzustellen und hervorragende Studenten auszubilden. Amerika ist der Beleg dafür, dass man durchaus nach dem Prinzip des «top-down» Eliteunis gründen oder Hochschulen auch innerhalb weniger Jahrzehnte auf Spitzenniveau päppeln kann.

Das freilich hätte den Mut erfordert, sich für einen Platz, für ein Land zu entscheiden. Doch dieser Mut fehlte in Europa, beziehungsweise die Widerstände der Nationalstaaten gegen die Festlegung auf einen Ort für das EIT waren zu stark. Das Hochschulinstitut wird nun eine verwässerte Kompromisslösung sein –

ein Netz von Instituten, das nicht zum Symbol europäischer Forschungskraft taugt. Wer sich davon eine Signalwirkung erwartet, wird enttäuscht werden.

Das Navigationssystem und das Technologieinstitut offenbaren eine fundamentale Schwäche Europas. Die Union will sich messen an Weltmächten wie den USA oder China, und sie hat durchaus Visionen für die Zukunft. Dazu gehören auch Vorzeigeprojekte wie Galileo oder das EIT. Doch häufig scheitern solche supranationalen Projekte an nationalen Interessen. Allzu oft ergehen sich Politiker in Lippenbekenntnissen für Europa – doch wenn es konkret wird, vergessen sie das Gemeinwohl. Solange die EU von Krämerseelen regiert wird, fehlt ihr das Zeug zur Weltmacht.

Kapitel 3
Arme Bauern, reiche Bauern

Irmgard Paulus steht mit Kopftuch und Gummistiefeln vor der Kuh Else. Sie schwingt eine Gabel voller Heu und wirft sie dem Rindvieh in den Trog, eine Bäuerin wie aus dem Bilderbuch. Seitdem bei ihrem Mann Nikolaus eine Stallallergie festgestellt wurde, kümmert sie sich hauptsächlich um die 40 Kühe: Füttern, Melken, Ausmisten. Morgens und abends, sieben Tage die Woche, 365 Tage im Jahr.

Der Paulus-Hof ist ein schmuckes Anwesen auf einer Bergkuppe im Vorderen Bayerischen Wald, 50 Kilometer hinter Regensburg. Sanfte Hügel, Wälder, die von Wiesen und Feldern durchsetzt sind, so weit der Blick reicht. Eine romantische, aber auch eine arme Gegend: zu bergig, um die Äcker rentabel zu bestellen, aber nicht bergig genug, um viele Touristen anzulocken. Die Höfe sind meist klein, so zwischen zehn und zwanzig Hektar misst das Land. Das ist zu wenig, um vom Ertrag zu leben. Die Bauern sind fast alle Nebenerwerbslandwirte, sie fahren täglich nach Roding oder Regensburg, wo sie als Heizungsmonteure oder Automechaniker arbeiten. An Stall und Feldern halten sie dennoch fest, aus Tradition und auch wegen der Finanzen. Die Milch, selbst wenn der Preis mit 35 Cent vergleichsweise niedrig ist, verschafft ihnen ein Nebeneinkommen, auf das sie nicht verzichten mögen. Für Wiesen und Äcker zahlt die EU.

Irmgard und Nikolaus Paulus gehören zu den wenigen, die hier noch ganz von der Landwirtschaft leben, 70 Hektar Land besitzen sie, 30 Hektar haben sie zusätzlich gepachtet. Das bringt Geld in die Kasse: Etwa 22 000 Euro bekommen die Paulus jährlich von Brüssel, genauer gesagt, vom Landwirtschaftsamt in der Kreisstadt Cham, das die EU-Mittel verwaltet und auszahlt. Irmgard stöhnt, wenn sie an Brüssel denkt, das werde jedes Jahr komplizierter, sagt sie. Und wehe, man habe einen Quadratmeter zu viel angegeben, da handle man sich gleich einen Strafabzug ein.

Der Paulus-Hof ist einer von den vielen kleinen landwirtschaftlichen Betrieben in Deutschland. Es gibt aber auch die ganz Großen: Die Gärtnergenossenschaft Landgard Obst & Gemüse GmbH gehört dazu. Die Firma hat ihren Sitz in einem schmucklosen Gewerbegebiet in Bornheim-Roisdorf, einer aufstrebenden Stadt im Rhein-Sieg-Kreis nahe Köln. Ihre Waren verkauft sie in eigenen Märkten oder liefert sie an Nahrungsmittelketten wie Aldi oder Plus. Mit einem Umsatz von 200 Millionen Euro ist Landgard Deutschlands größter Vermarkter von Obst und Gemüse. 3,77 Millionen Euro hat das Unternehmen 2006 an Beihilfen von der EU erhalten – und war damit der größte Empfänger in Nordrhein-Westfalen.

Insgesamt 6,5 Milliarden Euro an Agrarbeihilfen sind im Jahr 2007 von Brüssel an Deutschland geflossen, das Geld wurde an Betriebe zwischen Nordsee und Berchtesgadener Land verteilt. Empfänger weitgehend unbekannt, hieß es lange Zeit. Erst neuerdings weiß man von den Millionen, welche die Gärtnergenossenschaft Landgard kassiert. Dafür hatte die «Initiative für Transparenz bei EU-Agrarsubventionen» gekämpft. Hinter dieser Gruppierung stehen die «Arbeitsgemeinschaft bäuerliche Landwirtschaft», die Kleinbauern und Ökolandwirte vertritt, die Entwicklungsorganisation Oxfam, der Bund Umwelt- und Naturschutz Deutschland sowie Greenpeace. Hartnäckig forderten sie, dass die Empfänger von Agrarsubventionen offengelegt würden. Doch Deutschlands Politiker und Bauernverbände sperrten sich ebenso hartnäckig. Mal wurde der Datenschutz ins Feld geführt, mal der Föderalismus. Schließlich wisse man gar nicht, was die Bundesländer verteilten, bei denen das Geld ja direkt ankomme

– lauteten die fadenscheinigen Argumente. Dabei hielt selbst Peter Schaar, Deutschlands Datenschutzbeauftragter, die Publikation der Informationen «auf jeden Fall für wünschenswert. Die Öffentlichkeit muss erfahren, welche Unternehmen staatliche Zuschüsse erhalten», so Schaar. In Wirklichkeit ging es Politik und Agrarlobby eher darum, ihre Klientel vor einer «Neiddebatte» zu schützen: Horst Seehofer hatte als Bundeslandwirtschaftsminister Verschwiegenheit gefordert, damit nicht «die Landwirte wöchentlich durch den Kakao gezogen werden als Subventionsempfänger».

Doch irgendwann konnten Seehofer und der deutsche Bauernverband ihr Bollwerk gegen mehr Transparenz nicht mehr halten. Dänemark, Schweden und Großbritannien veröffentlichen schließlich bereits längst ihre heimischen Profiteure der EU-Beihilfen. Spätestens Ende 2009, so ein Beschluss der EU-Landwirtschaftsminister, müssen alle Mitgliedsländer die Informationen im Internet publik machen. Vorreiter in Deutschland sind die Bundesländer Brandenburg, Nordrhein-Westfalen und Mecklenburg-Vorpommern, welche die Daten bereits ins Netz stellen. Wobei Nordrhein-Westfalen nicht ganz freiwillig handelte. Mithilfe einer dänischen Journalistin hatte Oxfam beim Landwirtschaftsministerium in Düsseldorf die Veröffentlichung der Informationen eingeklagt. Die Richter am Verwaltungsgericht urteilten, dass die Geheimniskrämerei der Behörden gegen das Informationsfreiheitsgesetz des Landes verstoße. Nur die Namen von Privatpersonen, die von den Brüsseler Agrarmilliarden profitieren, dürfen aus Datenschutzgründen in den Unterlagen geschwärzt werden. Genossenschaften, Aktiengesellschaften oder GmbHs müssen jedoch genannt werden.

Aus Großbritannien war bereits bekannt, dass Brüssel vor allem die Großen und die Adligen mit Milliarden alimentiert. Dazu gehören auch die Queen und ihre Familie. Eines der königlichen Güter ist Sandringham Estate in der englischen Grafschaft Norfolk, seit vier Generationen im Besitz des britischen Königshauses. Schon König George V. bezeichnete das hübsche Landschloss in Backsteinarchitektur mit dem wundervollen Park als seinen «Lieblingsplatz auf dieser Welt». Auf den umliegenden 10 000 Hektar wird Weizen angebaut, Gemüse- und Obstplantagen reihen sich aneinander. Ein Sägewerk gehört ebenfalls zum Landwirtschaftsbetrieb. Für Sandringham erhielt Ihre Majestät 2006 umgerechnet 580 000 Euro aus den Brüsseler Agrarkassen. Das ist völlig normal: Es geht bei den Beihilfen nicht danach, wie bedürftig jemand ist, sondern wie viel Land er besitzt. Und weil Elisabeth II. auch auf Schloss Windsor Landwirtschaft betreibt, stehen ihr für das Anwesen im Westen Londons weitere 200 000 Euro zu. Auch Sohn Charles, immerhin begeisterter Ökolandwirt, erhält gut 300 000 Euro Agrarhilfen.

So kritisch der britische Adel der Europäischen Union und vor allem ihrer Agrarpolitik gegenüberstehen mag, die Subventionen werden gerne kassiert. Und als Lord, Earl oder Duke schickt es sich, ein Anwesen zu besitzen, das auch einiges abwirft. Der Herzog von Westminster, Besitzer von Eaton Hall in der Grafschaft Cheshire und mit einem geschätzten Vermögen von elf Milliarden Euro einer der reichsten Männer von Großbritannien, erhält jährlich etwa 650 000 Euro, der Herzog von Marlborough etwa 740 000 Euro.

In Deutschland aber, so hätte man vermutet, profitieren noch die echten Bauern wie Familie Paulus vom Brüsseler Geldsegen. Nun, da die Daten einiger Bundesländer dank der Transparenzinitiative im Netz stehen *(www.wer-profitiert.de)*, weiß man, dass auch hierzulande die Großen die Nutznießer europäischer Agrarpolitik sind. Demnach streichen landwirtschaftliche Genossenschaften in Ostdeutschland fette Subventionen ein – eine Folge der DDR-Landwirtschaft, wo die bäuerlichen Anwesen zu vielen tausend Hektar großen LPGs zusammengefasst worden sind, die auch nach dem Mauerfall so bestehen blieben. In Brandenburg etwa erhalten 1,5 Prozent der Höfe ein Viertel der gesamten Agrarsubventionen. Manche Großbetriebe, wie die inzwischen verkauften und geteilten Stadtgüter Berlin, kommen jährlich auf mehr als vier Millionen Euro EU-Zuschüsse in Form von Flächen- und Betriebsprämien. 22 Höfe liegen oberhalb von einer Million Euro pro Jahr.

Im Westen der Republik kassieren Adlige mit großen Ländereien sowie Großkonzerne: Nur ganze 14 Prozent der Betriebe erhalten mehr als die Hälfte der Mittel. Etliche Empfänger können mit mehreren hunderttausend Euro jährlich rechnen, darunter Fürst Metternich-Ratibor, Graf von Spee oder Matthias Graf von Westphalen, der in Hamburg eine der größten Anwaltskanzleien führt. Für seine Güter bekam er 2007 etwa 516 000 Euro. Ganz an der Spitze der Liste der Agrarsubventionen steht auch der Kälbermäster Brünninghof in Bocholt. Der Name ist zwar aus Datenschutzgründen nicht veröffentlicht, doch Oxfam fand ihn durch Recherchen heraus.

Auch Konzerne sahnen ab. Der Energieriese RWE etwa war 2007 mit einem sechsstelligen Betrag dabei: Er strich 526 000 Euro für die Rekultivierung von Braunkohlerevieren ein. Der Molkereigigant Campina, zu dem Firmen wie Mark Brandenburg und Südmilch gehören, kassierte seit 2002 allein 12,8 Millionen Euro als Zuschuss für Milch, die an Schulen verkauft wird. Chemiekonzern Bayer bekam für Zuckerrüben und Getreide auf seinem Versuchsgut Laacher Hof 97 400 Euro. Der Unilever-Konzern erhielt für die Tochter Iglo, bevor er sie im August 2006 verkaufte, über drei Jahre zusammen gut 700 000 Euro – für den Aufbau der «Spinat- und Kräuterverarbeitung».

Ein gutes Prozent der deutschen Betriebe, so schätzt man bei Oxfam, erhält ein Drittel der EU-Subventionen. Über 5700 Agrarunternehmen in Deutschland erhalten jährlich jeweils mehr als 100 000 Euro an Beihilfen aus Brüssel. 680 Betriebe erhielten demnach sogar mehr als eine halbe Million Euro an Subventionen, die meisten davon aus den östlichen Bundesländern. Von den Großempfängern, die mehr als 500 000 Euro jährlich aus den Agrartöpfen der Europäischen Union erhalten, befinden sich 170 in Thüringen sowie jeweils etwa 150 in Brandenburg, Mecklenburg-Vorpommern und Sachsen-Anhalt. Damit gibt es nirgendwo in der EU so viele Empfänger von Zahlungen von mehr als 100 000 Euro wie in Deutschland. Ungefähr 80 Prozent der Landwirte in der EU, die mehr als 300 000 Euro im Jahr erhalten, sitzen in Deutschland. In der Kaste der Großen erhält im Schnitt jeder über 284 000 Euro pro Jahr. Die Masse der Kleinen dagegen – und sie machen vier Fünftel der deutschen Bauernschaft aus – muss sich ein Drittel der EU-Beihilfen teilen. Im Durchschnitt bedeutet das etwa 5300 Euro im Jahr für jeden Hof.

Verkehrte Welt? Ja. Denn noch immer machen sich die Folgen einer Politik bemerkbar, die jahrzehntelang Hochleistungskühe, Turboschweine und Superweizen förderte – mit Folgen für die Umwelt, aber auch für die kleinen Landwirte. Sie können nicht so billig produzieren wie die Großen. Man will sie aber nicht sterben lassen, denn die Kleinbauern prägen ganze Landschaften in Europa. Europas Landwirtschaft versucht derzeit umzusteuern und umweltschonende Produktion sowie Landschaftspflege ebenfalls zu belohnen, mit nötigem Erfolg.

Die Geschichte der Europäischen Union ist eng mit der Landwirtschaft verbunden, und in keinem anderen Bereich europäischer Politik ist so viel herumgedoktert worden. Mit dem Vertrag von Rom schufen die sechs EU-Gründungsmitglieder zugleich die Grundlage für die Agrarpolitik. Die Ziele damals schienen – angesichts der Lebensmittelknappheit nach dem Krieg – vernünftig zu sein: Um die Versorgung zu sichern, sollte die Produktivität steigen. Die Bauern sollten ein geregeltes Einkommen haben und die Verbraucher Milch, Butter und Schweinefleisch zu bezahlbaren Preisen einkaufen können. So gesehen, war die Gemeinschaftliche Agrarpolitik (GAP) ein Erfolg: Innerhalb einer Generation verdreifachten sich die Erträge, Europa produzierte genügend Lebensmittel für seine Bevölkerung.

Kaum jemand sah jedoch die Schattenseiten der massiven Eingriffe in den Markt voraus: die riesigen Butterberge, Milchseen und Getreidehalden; den Ärger mit dem Rest der Welt, der darunter litt, dass Europa seine Bauern protegierte; und nicht zuletzt die gigantischen Kosten. Zeitweilig gab die Europäische Union zwei Drittel ihres Budgets dafür aus, um Landwirte zu unterstützen, die zu viel produzierten und deren Waren auf dem Weltmarkt nicht konkurrenzfähig waren. Inzwischen ist der Anteil der Landwirtschaft am Budget auf 43 Prozent gesunken – dennoch verteilt Brüssel noch immer 55 Milliarden Euro jährlich.

Europas Landwirtschaft ist gewissermaßen aus einem Kompromiss zwischen dem Industrieland Deutschland und dem damaligen Agrarland Frankreich geboren. 1958, als bei einer Konferenz im italienischen Stresa die großen Linien der Landwirtschaftspolitik gezeichnet wurden, war Frankreich ein Bauernstaat: Ein Fünftel der Bevölkerung lebte von der Scholle. Paris kämpfte für einen protegierten gemeinsamen Agrarmarkt, vor allem um seinen Bauern ein Auskommen und den Zugang zu einem lukrativen europäischen Markt von 200 Millionen Menschen zu verschaffen. Denn die Deutschen, so die Erwartung, würden ihrerseits vom freien Markt der Industriegüter profitieren. Nach jahrelangen Verhandlungen (auch als Landwirtschaftsmarathon bekannt) war eine paradoxe Politik von Freihandel einerseits und Protektionismus andererseits geboren. Die Deutschen forcierten den Binnenmarkt, die Franzosen sorgten dafür, dass der Staat die Landwirtschaft lenkte. Das hieß: Brüssel garantierte Mindestpreise für Agrarprodukte. Alles, was sich nicht verkaufen ließ, ob Milch, Getreide oder Rindfleisch, wurde von der Gemeinschaft aufgekauft und zu hohen Kosten exportiert. Um unliebsame Konkurrenz vom Weltmarkt fernzuhalten, schottete Europa seine Märkte für Butter und Bananen ab.

Die großzügigen Beihilfen zeitigten bald Wirkung: Bereits Anfang der Siebzigerjahre kämpfte die Gemeinschaft mit Überproduktion – vor Weihnachten durften Hausfrauen sich über billige Butter freuen, die in die Supermarktregale kam, um wieder Platz in den überfüllten Lagerhallen zu schaffen. Doch so viel, wie Europas Landwirte produzierten, konnten Europas Bürger gar nicht essen. Als die Berge von Butter und Getreide immer weiter anwuchsen, als Schweinehälften zu Tausenden in den Kühlhäusern hingen, zog die Gemeinschaft erstmals die Notbremse. Sie führte Quoten ein. Fortan durften Bauern nicht mehr beliebig viele Kühe im Stall stehen haben, und sie mussten einen Teil ihrer Felder brachlegen. Satte Exportprämien sollten die Überschüsse beseitigen. Eine teure Entscheidung: Auf dem Höhepunkt der subventionierten Exportwelle musste Brüssel allein zehn Milliarden Euro für Ausfuhrbeihilfen zahlen. Zunehmend unter Druck geriet die Gemeinschaft auch, weil andere Staaten gegen die Subventionen rebellierten, die den Welthandel verzerrten. In der «Urugay-Runde» musste Brüssel sich verpflichten, die Hilfen für Exporte um ein Fünftel zu reduzieren.

1992 wagte man sich an eine einschneidendere Reform, nachdem man jahrelang nur an Stellschrauben gedreht hatte, um den

Bauern nicht zu viel zuzumuten. Die garantierten Mindestpreise für Getreide und Fleisch wurden gesenkt, auf annähernd Weltmarktniveau. Stattdessen zahlte die EU den Landwirten «Direkthilfen», die sich an der Summe der bisherigen Subventionen orientierten. Zaghaft begann man auch, den Umweltgedanken in die Landwirtschaft einzubringen: Mit EU-Mitteln konnten nun Bäche renaturiert werden, Bauern erhielten Prämien dafür, dass sie ihre Wiesen nur einmal jährlich mähten. Beim Gipfel 1999 in Berlin einigte man sich im Zuge der Verhandlungen über das Sechs-Jahres-Budget von 2000 bis 2006 darauf, die Ausgaben zu deckeln.

Doch erst 2003 gelang der mutige Schritt, die Beihilfen vollständig von der Produktion zu entkoppeln: Fortan erhalten Landwirte Prämien, die sich nicht mehr danach richten, wie viele Tonnen Weizen, Mais und Kartoffeln sie produzieren oder wie viele Schweine sie zum Schlachthof bringen. Vielmehr bekommen sie Geld, das sich nach der Fläche des Hofes und der Zahl der Tiere richtet. Im Gegenzug müssen sie Standards in Umwelt- und Tierschutz einhalten. Die Bauern werden nun zu Landschaftspflegern: Im Prinzip erhält ein Landwirt auch Prämien, wenn er nichts produziert, solange er sein Land in gutem agronomischen und ökologischen Zustand hält. Was er produziert, soll zu Marktpreisen verkauft werden – damit die Produktion sich endlich verstärkt nach der Nachfrage richtet. Brüssel schichtet allmählich um: Von den insgesamt 55 Milliarden Euro sind nun «nur» mehr 40 Milliarden Euro für direkte Beihilfen vorgesehen, zehn Milliarden fließen stattdessen in die «ländliche Entwicklung»: Finanziert werden damit Fortbildungen für Bauern, Umweltmaßnahmen oder Tourismusprojekte wie «Ferien auf dem Bauernhof» – kurzum alles, was den Bauern andere Einkommensquellen eröffnet und den ländlichen Raum attraktiv macht.

Nun sind 55 Milliarden Euro noch immer eine Menge Geld. Und wo immer so viele Mittel fließen, entstehen bizarre Fälle von Subventionitis, die bis zum Betrug reichen.

Zum Beispiel Tabak: Selten handelt Politik so schizophren, wie wenn es um Tabak geht. Das gilt auch in Brüssel, wo die Parlamentarier sich mehrheitlich für ein «rauchfreies Europa» ausgesprochen haben. Noch im Herbst 2007 stimmten die Abgeordneten für ein Grünbuch der Kommission, das sogar vorschlug, die Tabakindustrie für die Schäden in Haft zu nehmen, die ihre Produkte anrichten. Ein halbes Jahr später, im Frühsommer 2008, schienen das viele vergessen zu haben. Denn da beschloss das Parlament, den Tabakanbau weiter zu subventionieren, und zwar bis 2012 mit jährlich knapp 310 Millionen Euro. Ohne Unterstützung aus Brüssel hätten Europas Tabakbauern gegen die Konkurrenz in Indien oder Südamerika keine Chance gehabt, hieß es zur Begründung. Um also «schwerwiegende negative Auswirkungen» in den betroffenen Regionen zu vermeiden, wurde die seit Langem umstrittene Tabakbeihilfe, die eigentlich 2009 ausgelaufen wäre, neu aufgelegt. Als lächerlichen kleinen Ausgleich für die Subvention beschlossen die Abgeordneten, dass fortan sechs statt fünf Prozent der Tabakbeihilfen zur Finanzierung von Informationskampagnen «über die schädlichen Auswirkungen des Rauchens» verwendet werden müssen.

Zum Beispiel Reis aus der Camargue: Kaum ein Lebensmittel dürfte Europas Steuerzahler so viel kosten wie Reis aus Südfrankreich. Als das französische Landwirtschaftsministerium Anfang 2008 zum ersten Mal die größten Subventionsempfänger veröffentlichte, stand das Unternehmen Fermes Françaises ganz oben auf der Liste. Der 1200-Hektar-Betrieb mit 14 Mitarbeitern, der einer Versicherung gehört, erhielt im Jahr 2004 insgesamt 872 108 Euro an EU-Beihilfen für den Reis, der später in Bioläden verkauft wird. Schätzungsweise gut vier Tonnen produziert das Unternehmen jährlich – macht 50 Cent Steuergeld für jedes Kilogramm, das die Reisbauern der Camargue ernten.

Zum Beispiel Zucker: In der slowenischen Grenzstadt Koper an der Außengrenze zu EU kamen Zöllner im Jahr 2003 einem besonders dreisten Fall von Etikettenschwindel mit Zucker auf die Spur. Ermöglicht hatte den Betrug die typische Brüsseler Planwirtschaft. Um Europas Zuckerrübenproduzenten vor der Billigkonkurrenz aus Übersee zu schützen, garantierte die (inzwischen geänderte) Zuckermarktverordnung seit 1968 einen Festpreis für den gesamten Zucker, der innerhalb der Union aus heimischen Rüben hergestellt wurde. Importe aus Nicht-EU-

Ländern waren mit hohen Zöllen belegt. Eine Ausnahme machte Brüssel jedoch für die ehemaligen Balkanstaaten, um deren nach dem Krieg darbende Landwirtschaft zu unterstützen. Kroatien und Serbien durften ihren Zucker zollfrei in die EU einführen. Mit etwa 60 000 Tonnen jährlich rechnete man in Brüssel. Doch serbische Zuckerfabrikanten exportierten immer mehr, zum Schluss waren es 10 000 Tonnen pro Woche. So viele Rüben, das war bald klar, konnten in dem Land gar nicht angebaut worden sein. Zugleich stiegen auch die Einfuhren der serbischen Zuckerfabrikanten rasant an, sie importierten vor allem aus der benachbarten EU, die ihre Überschüsse billig auf dem Weltmarkt anbot. Dieser Zucker wurde einfach zu einem serbischen Produkt umdeklariert – bei einer Preisspanne von über 200 Prozent machten Händler so ein lukratives Geschäft.

Zum Beispiel Almwiesen: Was eine Weide ist und was ein Wald, weiß schon jedes Kind. Und selbst die behändesten bayerischen Kühe grasen lieber auf saftigem Grün, als über Wurzeln zu stolpern. Doch im Freistaat nimmt man es mit der Unterscheidung nicht so genau. In bayerischen Landwirtschaftsämtern jedenfalls war es jahrelange Praxis, Bergwälder als Almwiesen einzustufen – so konnten die Bauern Subventionen kassieren. Schätzungsweise 5000 Hektar wurden falsch deklariert, etwa ein Zehntel davon ist sogar sanierungsbedürftiger Schutzwald. Mindestens 1,5 Millionen Euro EU-Beihilfen wurden so unrechtmäßig kassiert, schätzen Experten.

Falsche Angaben, ob sie nun in betrügerischer Absicht geschehen oder nicht, haben eine lange Tradition. Ob Oliven, Tabak oder Kühe, die Versuchung ist groß, Bäume, Plantagen und Vieh zu deklarieren, die es gar nicht gibt. Besonders frech gingen Spaniens Flachsbauern vor: Sie wurden in den Neunzigerjahren von Brüssel mit mehr als 700 Euro pro Hektar Flachs unterstützt. Die tatsächlichen Kosten der Bewirtschaftung lagen zwischen 180 bis 480 Euro – lukrativer kann ein Anbau kaum sein. Die Flächen stiegen deshalb auch zwischen 1994 und 1999 um das Fünffache. Hinderlich war nur, dass die Textilbranche den spanischen Flachs nicht kaufen wollte, weil dessen Qualität für Leinenstoffe nicht ausreichte. Doch Beihilfen aus Brüssel gab es nur für Flachs, der anschließend zu Leinen gesponnen wurde. Nachdem einige findige Flachsbauern ihre Lagerhäuser einfach in Brand gesetzt hatten, flog die Sache auf – und Brüssel forderte die Millionen zurück.

In schöner Regelmäßigkeit schreiben die Prüfer des Europäischen Rechnungshofes auf, wo Agrarsubventionen unrechtmäßig versickern. Der Landwirtschaftsbereich gehört – neben der Regionalförderung – zu den betrugsanfälligen Posten des EU-Budgets: Mindestens fünf Prozent der Mittel werden zu Unrecht ausgezahlt, so der Jahresbericht des Luxemburger Hofes für das Haushaltsjahr 2006. Demnach haben Landwirte in einem Viertel der geprüften Fälle Subventionen für Flächen beantragt, die gar nicht existieren. Vor allem Olivenbauern in Italien, Spanien und Griechenland scheinen es mit den Zahlen nicht so genau zu nehmen: Die überprüften Landwirte, die geschummelt hatten, hatten mindestens fünf Prozent mehr Bäume bei der EU gemeldet, als tatsächlich wuchsen.

Die 2003 beschlossene Umstellung auf Flächenbeihilfen war im Prinzip richtig, doch auch diese Form der Subvention führt zu absurden Auswüchsen: Inzwischen fließen Mittel an Empfänger, die noch nie etwas mit Landwirtschaft zu tun gehabt haben. In Deutschland, moniert der EU-Rechnungshof, habe sich die Zahl der Empfänger von Direktzahlungen 2006 um etwa 17 Prozent verglichen mit dem Vorjahr erhöht. Hierzulande wird nämlich Grünland unterstützt, unabhängig davon, ob es zuvor je landwirtschaftlich genutzt worden ist. In den Genuss von EU-Geld kommen so zahlreiche Golfplätze, Freizeitclubs und Reitvereine, Eisenbahngesellschaften und Gemeinden. Sie alle erhalten Agrarzahlungen, einfach nur, weil sie Parks und Grünflächen pflegen. Dagegen wirkt die Zwei-Millionen-Euro-Beihilfe, die der Energiekonzern RWE für die Renaturierung der Braunkohlegebiete erhält, geradezu sinnvoll.

Das Prinzip Subvention bringt auch negative Folgen für die Umwelt. Spanien verschwende viel zu viel Wasser für seine Landwirtschaft, kritisierte unlängst die Umweltschutzorganisation WWF. Weil die EU den Anbau von Obst und Gemüse fördert, bezuschusst sie indirekt den Wasserverbrauch in einem Land, das schon jetzt massiv unter Wasserknappheit leidet. Um die Anbauflächen zu bewässern, bohren die Bauern illegal Brunnen, der Grundwasserspiegel sinkt dadurch weiter. Und weil Oliven aus Marokko billiger sind, gießen die spanischen Bauern einfach ihre Olivenbäume, um den Ertrag zu steigern, obwohl die anspruchslosen Ölfrüchte ohne künstliche Bewässerung auskommen. «Europas Subventionen nach dem Gießkannenprinzip fördert die Wasserverschwendung der spanischen Agrarindustrie», kritisiert Martin Geiger von WWF. Brüssel lässt gewähren, obwohl Landwirte eigentlich nur unterstützt werden sollen, wenn sie ressourcenschonend wirtschaften (neudeutsch: Cross Compliance). Auf effiziente Wassernutzung jedoch werde nicht geachtet, klagt Geiger. Als der WWF-Mann im Sommer 2008 zur Weltausstellung nach Saragossa fuhr, beobachtete er, wie in Barcelona Grünflächen kräftig bewässert wurden. Dabei litt die Stadt an akutem Wassermangel, so akut, dass Tanker Wasser anliefern mussten. Pikanterweise bat Katalonien dann auch noch die EU, die Transporte finanziell zu unterstützen.

Mindestens ebenso unsinnig wie das subventionierte Bewässern von Olivenbäume ist der Baumwollanbau in Spanien und Griechenland, der neben Wasser auch Unmengen an Pestiziden benötigt. Mit etwa 10 000 Euro unterstützt Brüssel jeden Baumwollhektar, das ist mehr, als die ebenfalls subventionsfreudigen USA ihren Baumwollbauern spendieren. Dabei gibt es reichlich Baumwolle auf dem Weltmarkt.

Schelte muss die EU auch von der Organisation für Wirtschaftliche Zusammenarbeit OECD einstecken. «Die Erfolge der Industriestaaten beim Abbau der Agrarsubventionen halten sich in Grenzen», lautet das Fazit eines Berichts über Reformen weltweit. Werden alle Transferzahlungen der Steuerzahler und Konsumenten zur Unterstützung der Landwirtschaft in den OECD-Staaten zusammengerechnet, summiert sich der Betrag für 2005 auf sagenhafte 385 Milliarden Dollar, entsprechend 1,1 Prozent des Bruttoinlandproduktes (BIP). Dabei sind die Subventionen im Vergleich zu den Vorjahren kaum nennenswert gesunken. Für den einzelnen Bauern bedeutete das, dass 29 Prozent seines Einkommens aus Subventionen stammt. In der EU hängt ein Landwirt sogar mit 32 Prozent am Tropf des Staates.

Dass es auch anders geht, zeigt das Beispiel von Neuseeland und Australien. Sie geben weit unter ein Prozent des BIP für Agrarbeihilfen aus, ihre Bauern erhalten nur drei beziehungsweise fünf Prozent Unterstützung. Selbst Landwirte in den USA beziehen nur 16 Prozent ihres Einkommens vom Staat – das ist halb so viel wie ihre Kollegen in Europa.

Hohe Subventionen schützen nicht die Umwelt, schreiben die OECD-Experten, und sie sichern auch nicht den Wohlstand in ländlichen Gebieten. Sie seien im Gegenteil eher kontraproduktiv, weil sie notwendige Investitionen in die Infrastruktur, in Schulen oder im Sozialbereich verhinderten.

Nur: Bis zum Jahr 2013 kann kein auch noch so reformfreudiger Regierungschef am teuren Subventionssystem der EU drehen. Das Landwirtschaftsbudget zurrten 2003 die damaligen Regierungschefs Frankreichs und Deutschlands, Jacques Chirac und Gerhard Schröder, in einem Kompromiss für zehn Jahre lang fest. Da konnte Tony Blair auch noch so pokern – er schaffte es nicht, eine Agrarreform auf die Tagesordnung des Brüsseler Gipfels Ende 2005 zu setzen, bei dem der Haushalt bis 2013 ausgehandelt wurde. Um Blair zu besänftigen, versprach man ihm immerhin, über Reformen zu reden. Die Agrarpolitik sollte einem «Gesundheitscheck» unterzogen werden.

Wäre Mariann Fischer Boel Ärztin, dann hätte sie ihren Patienten wohl schnellstmöglich ins Krankenhaus überweisen müssen. Doch der Patient Agrarpolitik ist ein besonders schwieriger Fall. Er ähnelt einem Drogenabhängigen, den man nicht einfach operieren kann, ohne zuvor eine Entziehungskur gemacht zu haben. Dass der Kranke eine weitläufige Familie hat, die über seine Behandlung mitentscheidet, macht den Fall nicht einfacher.

Ihre Therapie stellte die Landwirtschaftskommissarin im Frühjahr 2008 vor: Vorerst will sie den Kranken auf schonenden Entzug setzen. Bis 2013 sollen die europäischen Landwirte nur auf einen relativ kleinen Teil ihrer Subventionen verzichten. Seit der Reform von 2003 sinken die Beihilfen um fünf Prozent jährlich, das frei werdende Geld wird in den Topf für die ländliche Entwicklung umgeschichtet. Daraus werden Tourismusprojekte und Existenzgründungen gefördert: die beliebten Radwege zum Beispiel oder Kräutersammelkurse für Bäuerinnen. Außerdem bezahlt die EU Vorhaben im Umwelt- und Klimaschutz, etwa die Förderung erneuerbarer Energie, den Pflanzen- und Artenreichtum und den schonenderen Umgang mit Wasser. Von 2009 an, so der Vorschlag, sollen die Bauern dann Jahr für Jahr etwas mehr von ihren direkten Beihilfen abgeben, die dann in den Posten «Ländliche Entwicklung» fließen. Verschont bleiben nur die Kleinbauern, die weniger als 5000 Euro jährlich erhalten – in Deutschland sind das vor allem Nebenerwerbslandwirte mit zehn bis 20 Hektar Land.

Große Betriebe sollen allerdings mehr bluten. Die fettesten Subventionen gehen wie bereits erwähnt an reiche Adelsfamilien und Nahrungsmittelkonzerne. Die Hilfsorganisation Oxfam und ihre Mitstreiter in der Transparenzinitiative monieren vor allem, dass die Beihilfen ohne Rücksicht auf die Arbeitsplätze flössen. Doch kleine Höfe beschäftigen bezogen auf die Fläche mehr Menschen, viele Kleinbauern wirtschaften zudem ökologischer als die großen Genossenschaften.

Für Beihilfen von mehr als 100 000 Euro ist ein Stufenmodell vorgesehen; je höher die Beihilfe, desto stärker wird sie gekürzt. In der höchsten Stufe, bei Subventionen von mehr als 300 000 Euro pro Betrieb, soll im Jahr 2012 das Minus 17 Prozent betragen. Demnach würde zum Beispiel ein Großbetrieb, der ursprünglich Anrecht auf Direktzahlungen von 400 000 Euro pro Jahr hatte (und derzeit bereits knapp 20 000 EUR weniger erhält), noch einmal 50 000 Euro abgeben müssen. Ein Unternehmen, das eine Million Euro pro Jahr aus Brüssel überwiesen bekommt, muss ab 2012 mit 152 000 Euro weniger rechnen. Die neuen Mitgliedstaaten werden allerdings zunächst geschont.

Das klingt dramatisch, ist es aber nicht. Insgesamt müssten Europas Bauern auf schätzungsweise zwei Milliarden Euro verzichten – nicht viel, verglichen mit den 55 Milliarden Euro, die derzeit jährlich in die Landwirtschaft fließen. Zudem profitieren sie indirekt von den Mitteln für die ländliche Entwicklung – schätzungsweise 80 Prozent dieser Mittel kommen (ehemaligen) Bauern zugute. Für Deutschland würde der Scheck aus Brüssel um knapp 425 Millionen Euro geringer ausfallen als bisher.

Eine große Reform ist das nicht, allenfalls ein Reförmchen. Fairerweise muss man sagen, dass Fischer Boel ohnehin keine Lizenz zum Kürzen hatte – bis 2013 ist der Agrarhaushalt auf 50 Milliarden Euro festgefroren. Trotz der gestiegenen Preise für Agrarprodukte wie Getreide und Milch wird die EU ihre hohen direkten Subventionen für die Landwirtschaft weitgehend beibehalten – und selbst die Beihilfen für Großbauern weniger beschneiden als vorgesehen. Fischer Boel wollte ursprünglich die fetten Beihilfen radikal kappen – bis zu 50 Prozent waren im Gespräch. «Politisch nicht durchsetzbar», musste die Kommissarin kleinlaut eingestehen. Vor allem Deutschland hatte in der Person seines Landwirtschaftsministers Horst Seehofer heftig gegen die Einschnitte für Großbetriebe protestiert. Zahlreiche Höfe in der Bundesrepublik – das sind vor allem die ehemaligen DDR-Agrargenossenschaften sowie die riesigen Schweinemastbetriebe in Norddeutschland – erhielten überdurchschnittlich viele Millionenbeihilfen.

Wenn die Kommissarin allerdings konsequent ist, muss sie darauf drängen, dass noch mehr Geld von den direkten Beihilfen in die ländliche Entwicklung umgeschichtet wird. Denn die zwei Milliarden Euro, die 2013 zusätzlich für die Entwicklung des ländlichen Raums und Umweltschutz zur Verfügung stehen, sind viel zu wenig – wenn tatsächlich größere Projekte finanziert werden sollen. Deshalb dürfen die Kürzungen 2013 nicht enden, sondern müssen eher zunehmen. In Brüssel sitzen die Fachleute längst an Szenarien. Die harmlosere Variante geht von Kürzungen von 25 Prozent aus, radikalere Modelle erwägen, dass überhaupt keine Beihilfen an Landwirte gezahlt werden. Unterstützung gäbe es dann nur noch für die Entwicklung des ländlichen Raums.

Der Streit um Sinn und Unsinn der europäischen Agrarsubventionen ist fast so alt wie die Gemeinschaft selbst. Die Argumente werden gewälzt – und am Ende kommt man doch nur wieder unweigerlich zu der Erkenntnis, dass die EU mit der gemeinsamen Agrarpolitik gewachsen ist und diese wegen politischer Zwänge nur behutsam reformiert werden kann. Inzwischen allerdings wirken die Subventionen so anachronistisch wie nie zuvor in den 50 Jahren gemeinsamer Landwirtschaftspolitik. Denn nie zuvor haben die Bauern so gut verdient wie heute: Die Zeiten der Überproduktion in der EU scheinen vorbei zu sein, die Milchseen sind ausgetrocknet, die Fleischberge abgetragen. Im abgelaufenen Wirtschaftsjahr 2005/06 summierten sich die Brüsseler Subventionen an die deutschen Landwirte auf 6,4 Milliarden Euro – im Schnitt rund 24 300 Euro pro Unternehmen. Würden die Bauern das an Subventionen weniger bekommen, was sie über höhere Preise und Absatzmengen in diesem Jahr mehr am Markt verdienen, könnte der Steuerzahler knapp eine Milliarde Euro sparen. Wozu noch Subventionen, wenn der Markt den Bauern das Einkommen sichern kann?

Prinzipiell stimmt die Richtung der Reform – weg von Beihilfen, die nicht nur den Weltmarkt verzerren, sondern auch zu Betrug verleiten. Der ländliche Raum muss gefördert werden, die umwelt- und ressourcenschonende Produktion sollte im Vordergrund stehen, nicht aber das billige Schweineschnitzel. Die Frage ist im Wesentlichen: Was sind Europas Bürgern gesunde und ökologische Lebensmittel wert, die zu Marktpreisen erzeugt worden sind? Denn eines steht fest: Gammelfleisch-, Hormon- und Pestizidskandale widerlegen regelmäßig, dass Europas Agrarprodukte qualitativ hochwertig sind. Gerade die Landwirtschaft mit Massenviehhaltung, die ohne Düngemittel und Pestizide gar nicht mehr auskommt, schädigt die Umwelt. Und trotz Agrarmilliarden geben jedes Jahr viele Kleinbauern auf.

Den Gesundheitscheck haben die EU-Landwirtschaftsminister Ende November 2008 genehmigt, allerdings in abgeschwächter Form, die beschlossene Minireform bleibt weit hinter den Plänen von Mariann Fischer Boel zurück. So müssen Deutschlands Bauern nur auf 240 Millionen Euro verzichten. Das ist kein gesundheitsfördernder Eingriff am Kranken, sondern allenfalls eine oberflächliche Schönheitschirurgie. Die notwendigen Operationen stehen Europa noch bevor. Ob sie gelingen, ist allerdings fraglich. Noch ist die Landwirtschaftspolitik gefangen in einem Netz von Interessen, Regeln und Beihilfen, von denen viele profitieren. Möglicherweise wird eine Reform nur gelingen, wenn die EU radikal vorgeht und einen Schlussstrich unter ein halbes Jahrhundert Subventionen ziehen kann.

Doch die Reaktionen auf den harmlosen Gesundheitscheck lassen den Willen zu einem Kurswechsel vermissen. So gab es bereits Proteste gegen Fischer Boels Vorhaben, die Milchquoten schneller als geplant abzuschaffen. Und selbst ein Ende der Obergrenzen für die Milchproduktion im Jahr 2015 ist umstritten. Viele Bauern fürchten, dass damit das Angebot wächst und die Preise fallen – das mutet in einer Zeit steigender Nachfrage nach Milchprodukten eher absurd an. Dabei wäre es weitaus sinnvoller, wenn die Bauern ihre Marktmacht besser nutzten und sich zu Produktionsgenossenschaften zusammenschlössen, um bei den Preisverhandlungen den großen Handelsketten Paroli bieten zu können. Auch die Vorschläge, frei werdende Mittel stärker zu Betrieben umzulenken, die ökologisch wirtschaften, scheinen nicht durchsetzbar zu sein. Die Bundesregierung, aber auch Großbritannien, Frankreich und Spanien blockierten bislang eine Einigung.

Es scheint, als könne man sich aus den alten Denkschemata nur schwerlich befreien. Ende 2007 führte Brüssel wieder Exportsubventionen für Schweinefleisch ein – auf Druck von Deutschland. Landwirtschaftskommissarin Fischer Boel ließ durchblicken, dass der Berliner Landwirtschaftsminister so lange gedrängt habe, bis die Kommission nicht umhinkonnte, Exporteuren 31 Cent pro Kilo tiefgefrorenes Schweinefleisch zu überweisen. Nach Informationen des Evangelischen Entwicklungsdienstes (EED) wird die Ware beispielsweise in Kamerun für ein Euro pro Kilo verkauft, frisches Fleisch dagegen kommt für 2,50 Euro auf den Markt. Für Westafrika, wohin laut EED 30 000 Tonnen europäisches Schweinefleisch gelangen, bedeutet das einen Verlust von Arbeitsplätzen – und noch mehr Armut. Das ist die Perversion von Entwicklungshilfe.

Die weltweite Knappheit an Nahrungsmitteln hat sicher zahlreiche Ursachen – unter anderem, dass immer mehr Menschen satt werden müssen und dass die Nachfrage an hochwertigen Lebensmitteln wie Fleisch und Milchprodukten in den aufstrebenden, bevölkerungsreichen Ländern wie Indien und China zunimmt. Doch auch die Subventionspolitik Europas trägt indirekt dazu bei, dass die Lebensmittelversorgung in eine bedenkliche Schieflage geraten ist. Viel zu lange hat die EU sich abgeschottet und Einfuhren aus Entwicklungsländern verhindert. Zugleich scheut sie nicht davor zurück, die Welt mit eigenen, subventionierten Waren wie Schweinefleisch zu überschwemmen.

Doch Europas Agrarpolitiker wollen weiterhin die Interessen «ihrer» Bauern bedienen, egal, was woanders auf der Welt passiert. Der französische Landwirtschaftsminister Michel Barnier erklärte die Nahrungsmittelkrise mit einer zu großen Portion «freiem Marktliberalismus» und plädiert dafür, die Barrieren für Agrarimporte zu erhöhen. Auch sein deutscher Amtskollege Horst Seehofer wandte sich gegen einen raschen Subventionsabbau: Er sehe nicht, wie man die Schwachen in den Entwicklungsländern stärke, indem man die Starken (die Bauern in der EU, meinte er) schwäche.

Ein zynisches Argument – schließlich erwartet man von einem europäischen Politiker, dass er nicht nur seine Klientel bedient, sondern auch über den eigenen Tellerrand schauen kann. Dann müsste er allerdings zugeben, dass nicht nur subventionierte Exporte den Entwicklungsländern massiv schaden, sondern auch die EU-Energiepolitik. Wiederholt hat etwa die Ernährungs- und Landwirtschaftsorganisation der Vereinten Nationen (FAO) einen radikalen Politikwechsel beim Umgang mit Biotreibstoff angemahnt, weil der in Europa und den USA staatlich geförderte Agrosprit die Nahrungsmittelsicherheit weltweit bedrohe. Allein in 2007 ist die Zahl der Unterernährten um 75 Millionen auf 923 Millionen gestiegen, beklagte die FAO. Obwohl herkömmlicher Biosprit das Klima kaum schont, wie in Kapitel 6 dargelegt, haben die Industrienationen die Produktion angekurbelt. Die staatlich geförderte Nachfrage werde die Nahrungsmittelpreise weiter in die Höhe treiben, warnt die FAO.

Bald beginnt die Debatte um einen neuen Finanzrahmen nach 2014. Spätestens dann werden auch die Ausgaben für die Landwirtschaft auf den Prüfstand kommen müssen. Es wird zunehmend schwierig, Europas Bürgern zu vermitteln, warum nach wie vor Milliarden Euro in den Agrarsektor fließen müssen. Wie will man erklären, dass die EU – wie in Lissabon beschlossen – fit gemacht werden soll für die Zukunft, zugleich aber in der Landwirtschaft eine Politik der Vergangenheit betrieben wird? Das Image der hoch subventionierten Bauernschaft trägt mit Sicherheit auch zum Verdruss über Europa bei.

Subventionen lassen sich nicht über Nacht abschaffen. Europas Landwirtschaft wird in Zukunft Unterstützung brauchen – schließlich geht es auch darum, die Kulturlandschaft zu erhalten, und dazu gehört vor allem die Unterstützung kleinerer Höfe wie der von Irmgard und Nikolaus Paulus. Durchaus bedenkenswert ist auch der Vorschlag Frankreichs, EU-Mittel in einen Versicherungsfonds einzuzahlen, der Landwirte im Fall von Missernten oder Katastrophen unterstützt.

Doch so vieles andere ist nicht mehr zeitgemäß: die Förderung von Agrarfabriken, die hohen Zölle auf Einfuhren, die Subvention von Exporten überschüssiger Nahrungsmittel. Je länger Staaten an hoch subventionierten Wirtschaftszweigen festhalten, umso teurer müssen sie später den Wandel bezahlen – das zeigt das Beispiel des Kohlebergbaus in Deutschland. Je früher die EU ihre Landwirtschaft vom Subventionstropf entfernt, umso weniger schmerzhaft werden die Operationen sein.

Kapitel 4
Zucker für Europas Regionen

Eine Skipiste auf der Ostseeinsel Bornholm, gebaut mit Fördermitteln aus Brüssel: Manche Geschichten sind so gut, dass selbst ein genialer Kabarettist wie Gerhard Polt sie nicht erfinden könnte. Dabei ist Polt durchaus Spezialist für EU-Themen: In dem klassischen Sketch über eine Gemeinderatssitzung beschließen der Xaver und der Max, im Leichenschauhaus eine Toilette zu bauen, weil es dafür Geld aus Brüssel gibt. Die Skipiste in Dänemark aber übertrifft jeden Polt'schen Humor – und es gibt sie wirklich.

Die wahre Geschichte, erzählt in der Zeitung Ekstra Bladet, geht so: Der Däne Ole Harild konnte im Winter 2006 aus beruflichen Gründen nicht mit seiner Freundin zum Skifahren reisen. Da kam er auf die Idee, eine Skipiste auf einem Hügel in Bornholm zu bauen. Er beantragte EU-Fördermittel – und hatte wider Erwarten Erfolg (Harild: «Ich hätte nicht gedacht, dass sie so etwas Verrücktes unterstützen würden»). Harild bekam umgerechnet 100 000 Euro, mit dem Geld kaufte er eine Schneekanone und 80 Paar Skier und Skischuhe, die er verleihen wollte – schließlich besitzen die meisten Dänen gar keine eigenen Bretter. Doch für künstlichen Schnee war es, welch Überraschung, viel zu warm: Im Winter 2007 lief sein Lift nur einen einzigen Tag.

Ist die Skipiste auf einer Insel, die mit ihrem besonders milden, sonnigen Klima wirbt, ein Einzelfall? Ekstra Bladet zufolge genehmigte das Landwirtschaftsministerium in Kopenhagen, das für die Vergabe von EU-Mitteln zuständig ist, außerdem einen Golfplatz im Kloster sowie einen Wettbewerb um das beste Ostsee-Kochrezept. Immerhin: Ministerin Eva Kjer Hansen räumte ein, dass die Förderkriterien nicht streng genug seien. Im kommenden Jahr werde sie «die Daumenschrauben anziehen».

Man könnte nun über die Skipiste so herzhaft lachen wie über Polts Gemeinderatsnummer, um sie anschließend im Ordner mit der Aufschrift «Skurrilitäten aus Brüssel» abzuheften. Doch die Provinzposse offenbart wieder einmal die grundlegenden Schwächen eines Kernstücks europäischer Politik, der «Regionalförderung» oder «Strukturfonds». Erfunden in den Achtzigerjahren, wollte man damit die wirtschaftsschwachen Regionen stärken und die «Kohäsion» fördern. Der Kontinent sollte allmählich zusammenwachsen, indem man die krassen regionalen Unterschiede in Wohlstand und Beschäftigung beseitigte. Dass Kohäsion noch immer nottut, zeigt die Statistik: 2003 betrug das kaufkraftbereinigte Bruttoinlandsprodukt pro Kopf in London, der reichsten EU-Region, fast dreizehnmal so viel wie das im rumänischen Nordosten, dem ärmsten Landstrich in der künftigen EU der 27.

Europäische Integration durch Solidarität: Diese Maxime der Union setzt eine Umverteilung von reichen zu armen Ländern, von florierenden zu rückständigen Regionen voraus. Deshalb zahlen alle Mitglieder, entsprechend ihrer wirtschaftlichen Leistungsfähigkeit, in eine gemeinsame Kasse, aus der die ökonomisch Schwächeren bedacht werden. Die wohlhabenden Mitglieder zahlen zunächst einmal drauf. Aber, so der Grundgedanke, letztlich profitieren auch sie durch Aufträge für ihre heimischen Firmen und durch die Exporte nationaler Güter.

So weit die Theorie. In der Praxis ist ein teilweise absurder Geldkreislauf entstanden: Denn kein Land will nur Zahlmeister sein, sondern alle wollen kassieren. Statt Solidarität pochen die Mitgliedstaaten längst auf den «juste retour», den gerechten Rückfluss von Mitteln aus der Brüsseler Kasse. Minister- und Bezirkspräsidenten, Landräte und Bürgermeister sorgen dafür, dass ganz Europa gleichermaßen mit Autobahnen, Freizeitbädern und Gewerbegebieten überzogen wird. Von Madeira bis ins schwedische Kiruna, vom irischen Cork bis zur bulgarischen Schwarzmeerküste werden mit EU-Fördermitteln Radwege angelegt, weil das den Tourismus fördert und Arbeitsplätze schafft. Überdimensionierte Verkehrskreisel ersetzen die kleine Kreuzung im Dorf, weil das die Infrastruktur angeblich verbessert. Manche Projekte kosten Hunderte von Millionen Euro, andere nur ein paar zehntausend – zusammen summieren sich im Sieben-Jahres-Budget von 2007 bis 2013 die Ausgaben für Europas Regionen auf 347 Milliarden Euro. Der warme Geldregen aus Brüssel, er prasselt überall nieder auf die EU.

Denn wenn es ums Geld geht, sind nationale Politiker nicht zimperlich. Da mögen sie noch so sehr auf Brüssel schimpfen, die Taschen halten sie trotzdem auf. Bayerns Exministerpräsident Edmund Stoiber hat es vorgemacht, der Freistaat profitierte immer kräftig von der Regionalförderung. Auch im laufenden Haushaltsbudget werden die bayerischen Grenzregionen weiterhin mit 100 Millionen Euro bedacht, obwohl man im neuen Finanzrahmen die EU-Hilfen insgesamt zurückgefahren hatte und nur noch wirklich bedürftige Gebiete fördern wollte: 2007 konnte Bayern insgesamt 34 Millionen Euro verteilen. Zum Beispiel kassierte die Stadtverwaltung von Passau für die «Neugestaltung des Klostergartens» zwei Millionen Euro, mit 671 000 Euro wurde im nahe gelegenen Grafenau ein neuer «Busbahnhof mit Umsteigebahnhof» bezuschusst. Es ist schwer zu glauben, dass das reiche Bayern sich den neuen Klostergarten und Busbahnhof ohne Brüsseler Hilfe nicht hätte leisten können.

Die Regionalmittel sind – neben den Beihilfen für Landwirtschaft – der größte Geldtopf der Union. Aus ihm werden Straßen und Radwege, Schwimmhallen und Skatingbahnen finanziert, Firmen und Tourismusverbände unterstützt. Mit dem Geld können Politiker punkten, denn die Bürger sehen den Nutzen unmittelbar vor ihrer Haustür, an ihrem Arbeitsplatz. Die Regionalförderung ist deshalb auch Objekt des Kuhhandels zwischen den Mitgliedstaaten, die darum feilschen wie auf dem Basar. Auch wenn neue Mitglieder der Union beitreten wollen und die alten etwas abgeben sollen, brechen die Verteilungskämpfe erneut aus. So wollte die «EU-15» zunächst nicht hinnehmen, dass die zehn neuen Mitglieder in Mittel- und Osteuropa auf ihre Kosten unterstützt würden. Erst als man sich darauf einigte, dass auch die Altmitglieder weiterhin Strukturmittel erhalten würden, konnten die Beitrittsverhandlungen abgeschlossen werden.

Die Ursprünge des Systems, das den Regionaltopf immer weiter aufblähte, liegen lange zurück. Zunächst hatte die Europäische Wirtschaftsgemeinschaft noch keine Regionalpolitik vorgesehen, im Zentrum stand vielmehr die Schaffung des gemeinsamen Binnenmarktes. Zwar versprachen die Verträge den «wirtschaftlichen und sozialen Zusammenhalt» und eine «harmonische Entwicklung der Gemeinschaft». Doch man sah den gemeinsamen Markt als ausreichend an, um diese Ziele zu erreichen. Allein der Europäische Sozialfonds wurde eingerichtet, um Menschen auszubilden und ihre Mobilität auf dem Arbeitsmarkt zu verbessern.

Als die Briten an die Tür der Gemeinschaft klopften, begannen die Probleme. London machte es zur Bedingung für seinen Beitritt im Jahr 1975, dass ein «Europäischer Fonds für regionale Entwicklung» (EFRE) gegründet wurde. Die britische Regierung wollte damit einen Ausgleich für fehlende Agrarmittel schaffen. Weil die Landwirtschaft im Königreich wenig ausgeprägt war, konnte das Land nur geringe Beihilfen erwarten. Außerdem hoffte die Regierung, den mehrheitlich euroskeptischen Briten den Beitritt mit Regionalmitteln zu versüßen. Der erste Regionalfonds war somit der Preis, den Europa für die Mitgliedschaft Großbritanniens zahlen musste. Auch als die skandinavischen Länder beitreten wollten, ging es nicht ohne Zugeständnisse. Hatte man bis dahin Regionen nach ihrem Bruttoinlandsprodukt pro Kopf gefördert (als förderwürdig galten Gegenden, wo das Pro-Kopf-Einkommen unter 75 Prozent des Durchschnitts lag), so kamen jetzt Lappland und andere dünn besiedelte Landstriche in den Genuss von Fördermitteln, obwohl sie das Kriterium nicht erfüllten.

Mit dem Vertrag von Maastricht 1992 bekräftigten die Mitgliedstaaten die Bedeutung der Regionalpolitik für das Zusammenwachsen Europas – und richteten den sogenannten Kohäsionsfonds ein. Er sollte hauptsächlich grenzüberschreitende Infrastrukturprojekte – also Straßen und Schienenwege, Strom- und Telefonleitungen – finanzieren. In der Theorie diente der

Kohäsionsfonds dazu, die Lebensverhältnisse in Europa anzugleichen. In der Praxis war dieser Geldtopf auch ein Zugeständnis an die ärmeren Mitgliedstaaten wie Spanien, damit diese der Wirtschafts- und Währungsunion zustimmten. Sie befürchteten Nachteile für ihre Haushalte, weil in Zukunft Währungen nicht mehr abgewertet werden konnten und Stabilitätskriterien eingehalten werden mussten. Im Gegensatz zu den anderen Fonds wurden die Mittel aus dem Kohäsionsfonds an Mitgliedstaaten überwiesen und nicht direkt an bedürftige Regionen.

Damit begann eine fast explosionsartige Aufstockung der Mittel, zumal auch Europas Fischer mit einem eigenen Fischereifonds bedacht wurden. 1990 gab die EU für ihre gesamte Struktur- und Regionalpolitik jährlich etwa 13 Milliarden Euro aus, fünf Jahre später waren es bereits 25 Milliarden Euro. Im Jahr 2005 betrug die Summe dann schon 42 Milliarden Euro. Und das lag nicht nur an der größer gewordenen Gemeinschaft, wie in Brüssel gern argumentiert wird. Tatsächlich hatte man versucht, die Strukturfonds zu reformieren, um den Finanzbedarf nicht weiter steigen zu lassen. Doch am Ende stand wieder ein Riesentopf da, aus dem sich auch die alten Mitglieder bedienten. «Die Verteilungspolitik stand im Vordergrund, weniger die regionalen Wachstumsperspektiven», so das Urteil einer Untersuchung des Instituts für Wirtschaftspolitik der Universität Köln.

Dass die EU aus dem Teufelskreis der Umverteilung nicht herauskommt, liegt an ihrer Erpressbarkeit. Grundlegende Entscheidungen – und dazu gehört das Budget – können im Europäischen Rat nur einstimmig verabschiedet werden. Und genau das eröffnet den Mitgliedstaaten weitreichende Möglichkeiten, sich ihre Zustimmung zum Haushalt oder zu anderen Vorhaben der Union mit milliardenschweren Förderpaketen für ihre Heimatländer abkaufen zu lassen. Da wurden zum Beispiel mal schnell umgerechnet zwei Milliarden Euro an zusätzlichen Strukturmitteln für Griechenland überwiesen, damit Athen dem Beitritt von Spanien und Portugal zustimmte.

Warum eigentlich muss die EU die Renovierung von Luxushotels im slowenischen Seebad Portoroz bezahlen? Das fragte sich die deutsche Europaabgeordnete und Haushaltskontrolleurin

Ingeborg Größle, zumal in Portoroz neben unzähligen anderen Hotels, Ferienanlagen und Gästehäusern bereits drei Fünfsternehäuser stehen. Nicht, dass man es den Slowenen missgönnte, in einem Luxushotel auszuspannen – aber schicke Bäder müssen vielleicht nicht von Brüssel subventioniert werden. Größle schickte eine Anfrage an die Kommission. Diese beschied knapp, es handele sich um einen denkmalgeschützten, verfallenen Hotelbau, und es sei legitim, ihn mit EFRE-Mitteln zu renovieren, um den Tourismus zu fördern.

Tourismus ist auch anderswo ein willkommener Vorwand, um Fördermittel zu erhalten. Viele Radwege in Deutschland seien von der EU finanziert, sagt Größle: «Da wird dann irgendein Tourismusziel erfunden und als Sauce darübergegossen.» Über ein besonders absurdes Beispiel berichtete der Spiegel. Der Bürgermeister im niedersächsischen Betheln ließ eine Grillhütte für die Ortsbevölkerung von Brüssel mitbezahlen. Er hatte Wind davon bekommen, dass in der Nähe seines Dorfes zwei Fernradwege verliefen und zudem Naturschutzwälder wuchsen – ideale Voraussetzungen für eine Verbesserung der lokalen Infrastruktur.

Es geht sogar noch ein paar Nummern größer: Regelrecht gigantomanisch wirkt ein ostdeutsches Prestigeprojekt, das trotz EU-Subventionen in die Pleite schlittert. Ein Investor aus Malaysia kaufte eine leer stehende Halle auf einem ehemaligen sowjetischen Militärflughafen und errichtete im Inneren das Spaßbad «Tropical Islands». Die Halle stammte aus der Konkursmasse des einst gefeierten Unternehmens Cargolifter, das mit dem Bau von Transportzeppelinen grandios scheiterte. Statt Luftschiffen wachsen in der Halle jetzt Palmen. Auf einer Grundfläche von acht Fußballfeldern reihen sich Schwimmbecken und Rutschbahnen aneinander. Doch Tropical Islands findet nicht den Zuspruch, den der Betreiber bräuchte, um es profitabel zu machen. «Überhöhte Erwartungen haben den Investor dazu verleitet, großspurig anzukündigen, dass sein Projekt ohne Subventionen auskommt», sagt die grüne Europaabgeordnete Elisabeth Schroedter aus Brandenburg. Statt der prognostizierten 1,5 Millionen Besucher jährlich kamen 2005 nur rund 700 000 Gäste. Die Schuldenhöhe belaufe sich, so Schroedter, möglicherweise auf 20 Millionen Euro. Doch kurz vor Weihnachten 2006 überwies die brandenburgische Landesregierung noch einmal 17 Millionen Euro, die größtenteils aus der EU-Kasse stammten. «Das Land will die Lebenserwartung des Tropenparadieses künstlich auf Kosten der EU verlängern», ärgert sich Schroedter.

«Das ganze System ist völlig irrsinnig», stellt Haushaltskontrolleurin Gräßle fest, weil die Mitgliedstaaten Geld nach Brüssel schickten, um anschließend einen Teil davon zurücküberwiesen zu bekommen. Und je weiter fortgeschritten die Haushaltsperiode, umso irrsinniger. Zu Beginn würden die Mittel noch einigermaßen überlegt ausgegeben, «zum Schluss aber haut man das Geld für irgendetwas raus».

Oder aber man sondiert, welche Bereiche Brüssel besonders gerne fördert. Gründerzentren zum Beispiel, die deshalb wie Pilze aus dem Boden schießen. Vielerorts haben Städte und Gemeinden Areale am Rande eines Gewerbegebietes oder einer Hochschule als Gründerzentrum ausgewiesen und rasch ein paar Bürogebäude in die Höhe gezogen. Nun stehen reihenweise Räume für Tüftler und Firmengründer zur Verfügung, die keiner will. In Nordrhein-Westfalen, das wegen der strukturschwachen früheren Kohlefördergebiete besonders viel EU-Unterstützung erhält, war eine Zeit lang die Variante «Medienpark» besonders beliebt. Doch ein Gutteil der EU-Fördermittel, die in die Produktionsfirmen von Filmen und Internetportalen geflossen sind, versickerten – offenbar verlangt der Markt gar nicht nach so vielen Medienprodukten. Selten werden tief schürfende Marktanalysen gemacht, um abzuschätzen, was dauerhaft an Arbeitsplätzen entstehen könnte.

Während die Kommissarin für Regionalpolitik Danuta Hübner vollmundig die Erfolge anpreist, zweifeln Experten inzwischen daran, dass die EU-Mittel den Regionen überhaupt helfen. Sicher, es gibt Ausnahmen: Spanien zum Beispiel und Irland, das seine Beihilfen vor allem in Bildung und Forschung gesteckt und einen enormen wirtschaftlichen Aufschwung erlebt hat. Insgesamt aber ist das Ergebnis, gemessen am Einsatz, bescheiden. Zwischen «bringt gar nichts» und «ist kontraproduktiv» schätzen Wirtschaftsfachleute die Wirkungen der Milliarden aus Brüssel ein, so eine Analyse des Instituts der Deutschen Wirtschaft in Köln. «Es gibt keinen Anhaltspunkt dafür, dass sich in der EU ohne Umverteilung die Einkommen unterschiedlich entwickeln», urteilt auch eine Untersuchung des Kölner Instituts für Wirtschaftspolitik. Für diese Erkenntnis spricht, dass trotz immenser Fördersummen sich die Lebensverhältnisse innerhalb der EU kaum angenähert haben. Zwar wuchs das Pro-Kopf-Bruttoinlandsprodukt der acht mittel- und osteuropäischen Neulinge zwischen 1996 und 2006 um 2,2 Prozentpunkte stärker als das der 15 alten Mitgliedstaaten. Geht es in diesem Tempo weiter, wird sich der Abstand in den kommenden dreißig Jahren aber gerade einmal halbieren. Auch in den Achtzigerjahren wirkten sich die Strukturmittel kaum aus: Zwischen 1980 und 1993 blieben die Unterschiede beim Bruttoinlandsprodukt pro Kopf und bei den Arbeitslosenzahlen bestehen.

Der Grund für die schleppende Angleichung der Lebensverhältnisse könnte darin liegen, dass viele Länder die Fördermittel lieber in Autobahnen und Gebäude stecken statt etwa in Forschung und Entwicklung. Einzig Irland hat mit den reichlich fließenden Milliarden aus dem Regionaltopf Universitäten und Hightechfirmen unterstützt. In den neuen Bundesländern wurden stattdessen Straßen gebaut. Der Erfolg gibt Irland recht. Dort boomte die Wirtschaft lange Zeit, während Ostdeutschland ein Sanierungsfall blieb. Auch Portugal fällt gegenüber den reichen Regionen wieder zurück – obwohl Brüssel seit dem Beitritt des verarmten Landes im Jahr 1986 gut 70 Milliarden nach Lissabon überwiesen hat. Wenn die nationalen Schwerpunkte falsch gesetzt sind, helfen eben auch keine üppigen Finanztransfers. Diese dürften zwar, wie derzeit in Osteuropa, die Wirtschaftsleistung kurzfristig erhöhen, danach aber verpuffen.

In Süditalien haben die 100 Milliarden Euro, die Brüssel bislang in den Mezzogiorno pumpte, die Region nicht wirklich konkurrenzfähig zum Norden gemacht. Man muss im Gegenteil sogar befürchten, dass die EU indirekt die Mafiageschäfte damit finanziert und die Kriminalität anheizt. Nach einem Bericht des italienischen Parlaments ist der kalabrische Hafen Goia Tauro, der in den Neunzigerjahren mit EU-Mitteln gebaut wurde, inzwischen zum wichtigsten Anladehafen für Kokain in Europa avanciert.

Subventionen verleiten bekanntlich nicht zum Sparen. Das Ziel ist «eher optimale Ausschöpfung als eine gut durchdachte Entwicklungsstrategie», schreibt der Europäische Rechnungshof in einer Stellungnahme zu den Strukturfonds in den neuen Mitgliedstaaten. Statt unrechtmäßig verwendete Gelder einzuziehen, drängten sie, diese anderweitig auszugeben.

Subventionen reizen Unternehmen auch dazu, Entscheidungen zu treffen, die aus marktwirtschaftlichen Gesichtspunkten nicht attraktiv sind. Als der finnische Handyhersteller Nokia ankündigte, sein Werk in Bochum schließen zu wollen, ging ein Aufschrei der Entrüstung durch ganz Deutschland. Nokia hatte schließlich 88 Millionen Euro kassiert, um Mobiltelefone in Nordrhein-Westfalen zu produzieren. Hatte Nokia möglicherweise EU-Mittel erhalten, um nur wenige Jahre später in Rumänien Brüsseler Geld zu kassieren, um noch billiger zu produzieren? War Nokia eine dieser Subventionsheuschrecken, die von West nach Ost ziehen, immer den billigen Arbeitskräften hinterher?

Fälle wie der von Nokia sind in der EU seit Mitte der Achtzigerjahre an der Tagesordnung. Denn Firmen, die sich in wirtschaftlich unterentwickelten Ländern ansiedeln, können öffentliche Zuschüsse von 40 bis 60 Prozent der Investitionssumme einstreichen. Waren anfangs noch Portugal und Spanien die Ziele umzugsfreudiger (und auf Subventionen schielender) Unternehmen, geht die Richtung mittlerweile verstärkt von West nach Ost. Lange Zeit profitierten von diesem Trend auch ostdeutsche Regionen wie Dresden oder Leipzig. Der Milchgroßbauer Theo Müller etwa hat, so wirft ihm der Bund für Umwelt und Naturschutz BUND vor, insgesamt 70 Millionen Euro für die Modernisierung einer sächsischen Milchfabrik erhalten, 30 Millionen davon stammten aus Brüssel. Müller brüstete sich damit, 150 Arbeitsplätze geschaffen zu haben. Was der Milchindustrielle jedoch nicht erwähnte, war, dass im Gegenzug ebenso viele Jobs in Niedersachsen verloren gingen, als er dort ein Werk schloss.

Zahlen über Beihilfen für Unternehmen, die ihre Standorte verlagern und mehrfach kassieren, gibt es jedoch nicht. Das liegt schon daran, dass bis vor Kurzem nicht bekannt war, wer in den Genuss von EU-Fördermittel kommt. Doch nach einer 2007 geänderten EU-Verordnung müssen auch die Empfänger von Strukturfondsmitteln von 2008 an namentlich ausgewiesen werden. Inzwischen haben die Mitgliedstaaten begonnen, die Daten zu veröffentlichen. Zum Beispiel kann man die Subventionsempfänger einiger Bundesländer, darunter Nordrhein-Westfalen, im Internet einsehen. Bis spätestens 2009 müssen alle Mitgliedstaaten die Informationen preisgeben.

Die Kommission verweist gerne auf strenge Regeln: Man fördere keine Standortverlagerungen, wenn dabei Arbeitsplätze vernichtet würden – das sei sogar ausdrücklich verboten. Außerdem gilt, dass fünf Jahre nach Zahlung der Beihilfe keine Mitarbeiter entlassen werden dürfen. Anderenfalls müssen die Subventionen zurückgezahlt werden. Doch Kritiker wie der deutsche Europaabgeordnete Markus Pieper halten die Frist für zu kurz, das sei nicht wirklich abschreckend, sagt Pieper.

Für Nokia seien keine EU-Mittel geflossen, betonte Regionalkommissarin Danuta Hübner, sondern nur Subventionen aus dem deutschen Haushalt. Und an seinem neuen Standort in Rumänien werde Nokia auch nicht gefördert. Das freilich ist eine Milchmädchenrechnung. Denn die immer noch erheblichen Strukturmittel für Nordrhein-Westfalen in Höhe von etwa 150 Millionen Euro erlauben es dem Land natürlich, insgesamt mehr Subventionen zu verteilen als andere Bundesländer. Ob diese aus dem Landeshaushalt oder dem EU-Etat kommen, ist letztlich egal. Und indirekt hat die Kommission Nokia den roten Teppich in Rumänien ausgerollt, indem sie die Infrastruktur des Industrieparks Jucu bei Cluj (Klausenburg) finanzierte.

Man muss davon ausgehen, dass Mitnahmeeffekte groß sind. Der Sog zu den stark subventionierten Kohäsions- (früher «Ziel-1-)Gebieten», in den Karten der Kommission rot eingezeichnet, ist gewaltig. Diese erhalten besonders viel Unterstützung, weil sie als rückständig gelten. Bis zu 60 Prozent der Investitionssumme für eine Neuansiedlung können Firmen von der EU und den nationalen Haushalten beantragen. Ob dabei Schaden für andere EU-Mitglieder entsteht, muss aber nur bei den großen Projekten geprüft werden, die mehr als 50 Millionen Euro erhalten.

Subventionitis grassiert auch innerhalb einzelner EU-Mitgliedstaaten. Doch die nationalen Beihilfen sind häufig illegal. Auf insgesamt 8,7 Milliarden Euro sollen sich nach einer Untersuchung der Kommission demnach die Mittel summieren, die zwischen 2000 und 2006 entweder nicht in Brüssel angemeldet waren oder vor einer Genehmigung durch die Kartellbehörde gezahlt und rückwirkend als EU-rechtswidrig bewertet wurden. Die Kommission muss solche Fälle ahnden, weil sie für die Einhaltung der EU-Verträge – und damit der Wettbewerbsregeln – zuständig ist. Nach der Kommissionsstatistik geht ein Viertel aller Entscheidungen über rechtswidrige Beihilfen auf das Konto von Deutschland. Ein Drittel aller geahndeten Subventionen waren gedacht, um Firmen zu retten. Doch die Erfahrung zeigt, dass die meisten nicht dauerhaft überleben – Volkswirte warnen daher, dass diese Form von Subventionen den Wettbewerb am stärksten verzerrt.

Selbst Industriekommissar Günter Verheugen, als Sozialdemokrat wahrlich kein Kritiker eines starken Staates, kommt zu der Erkenntnis, dass Subventionen aus öffentlichen Töpfen nur im Ausnahmefall sinnvoll sind, etwa bei schweren regionalen Entwicklungsschwächen. Der Fall Nokia gebe Anlass, so Verheugen, über die staatliche Subventionspolitik insgesamt nachzudenken. «Sollten sich Investitionen nur dann rechnen, wenn mit Geld der Steuerzahler nachgeholfen wird, dann ist das immer ein Risiko», sagte er in einem Interview mit der Welt am Sonntag. Staatliche Mittel sollten lieber in Bildung und Ausbildung und den Aufbau einer exzellenten Infrastruktur gesteckt werden, so Verheugen.

Weil die Mittel für Regionalförderung für sehr unterschiedliche Maßnahmen eingesetzt werden, lassen sie sich auch leicht zweckentfremden, wie ein Beispiel aus Kalabrien zeigt, über das die Frankfurter Allgemeine Zeitung berichtete. Für den Ausbau von Häfen hatte die EU Geld aus der Regionalförderung spendiert. 2,5 Millionen Euro wurden jedoch in die «Tourismusförderung» umgeleitet – nicht etwa aber in die Verschönerung von Stränden, sondern als Unterstützung für die Region Kalabrien als zahlenden «Partner der italienischen Fußballnationalmannschaft». Eine hübsche Idee, höhnte die FAZ, ganz Europa fürs eigene Nationalteam mitbezahlen zu lassen, obwohl die Squadra Azzurra das als Weltmeister gar nicht nötig habe.

Subventionen, die an Regionen und Gemeinden fließen, sind Zucker für Lokalpolitiker, denn damit können sie bei ihren Wählern punkten. Auf der lokalen Ebene aber sind Unternehmen und Politik stärker verflochten, was Korruption und Misswirtschaft tendenziell begünstigt, wie die US-Wissenschaftlerin und Autorin des Buches «The best system money can buy», Carolyn Warner, beschreibt. Es ist deshalb kaum überraschend, dass Betrug bei den Strukturmitteln häufiger vorkommt als in anderen Bereichen. Im Bericht des Rechnungshofes für 2006 sind die Kontrollen und Fehlermargen farblich kodiert. Grün heißt, dass Kontrollen funktionieren und dass der Anteil der Mittel, die unrechtmäßig zugeteilt oder ausgegeben wurden, unter zwei Prozent liegt. Gelb bedeutet: Kontrollen funktionieren nur «teilweise zufriedenstellend», der Fehler beträgt zwischen zwei und fünf Prozent. Rot signalisiert Alarm: Auf die Kontrollen ist kein Verlass, der Fehler liegt über fünf Prozent. Von allen Haushaltsposten der EU bekamen die Strukturmittel als Einzige zweimal die Farbe Rot. Die Prüfer stellten außerdem fest, dass bei der Verwaltung der Finanzen «kaum Fortschritte im Vergleich zu den Vorjahren» zu beobachten seien. Von den überprüften Vorhaben seien weniger als ein Drittel fehlerfrei gewesen. Zwölf Prozent der Mittel – entsprechend vier Milliarden Euro – hätten gar nicht bewilligt werden dürfen.

Als die Europäische Union vor ihrer historischen Erweiterung im Jahr 2004 stand, war klar: So konnte es mit der Regionalförderung nicht weitergehen. Denn mit dem Beitritt der armen, heruntergewirtschafteten ost- und mitteleuropäischen Länder verschoben sich zugleich die Gewichte. Ihnen musste vorrangig geholfen werden, es mussten Straßen gebaut, Telefonleitungen gelegt und Arbeitsplätze geschaffen werden. Das hieß aber auch: Viele Regionen, die zuvor Anspruch auf Förderung hatten – zum Beispiel die deutschen Grenzregionen –, waren nicht mehr arm genug, um in den Genuss von Mitteln zu kommen. Deshalb mussten die Regeln geändert werden. Das neue Sieben-Jahres-Budget wurde in drei große Kuchenstücke aufgeteilt.

Der größte Topf, der mehr als vier Fünftel des Geldes umfasst, – entsprechend 252 Milliarden Euro für sieben Jahre –, heißt jetzt Konvergenz. Er ersetzt das frühere «Ziel 1» und ist weiterhin für besonders arme Landstriche bestimmt. Damit sollen das Wirtschaftswachstum gefördert und Arbeitsplätze in den am geringsten entwickelten Mitgliedstaaten und Regionen geschaffen werden. Entsprechend der Definition sind das Regionen, wo das Bruttoinlandsprodukt (BIP) pro Kopf weniger als drei Viertel des EU-Durchschnitts beträgt – also vor allem die neuen Mitgliedstaaten. Damit die zuvor hoch subventionierten Gegenden der alten Mitgliedstaaten wie die neuen Bundesländer oder Italiens Mezzogiorno nicht über Nacht vom Fördertropf entfernt werden, gibt es Geld auch für Regionen, deren Pro-Kopf-Einkommen weniger als drei Viertel des Durchschnitts der fünfzehn alten Mitgliedstaaten (EU-15) beträgt.

Nun führt die Statistik zuweilen zu Kuriositäten: Wer dachte, Lüneburg sei eine florierende Hochschulstadt, und der Landkreis ziehe wegen seiner schnuckeligen Schafe viele Touristen an, der irrt gewaltig. Der Nordosten Niedersachsens ist – als einzige Region in den alten Bundesländern – in die höchste Förderstufe der EU gerutscht und damit eine der insgesamt 69 Kohäsions-Regionen. Der Bezirk Lüneburg steht damit auf einer Stufe mit Sizilien oder Ostungarn. Die Region hat ein Pro-Kopf-BIP von 74,68 Prozent des Durchschnitts der 15 alten Mitgliedstaaten und hat es wegen eines Drittelprozents in den Kreis der Begünstigten geschafft. Sie bekommt deshalb insgesamt eine Milliarde Euro Fördermittel. Nun ist das ehemalige Zonenrandgebiet um Lüchow-Dannenberg oder Celle tatsächlich nicht sonderlich wohlhabend, die Arbeitsplätze sind rar, die Menschen ziehen weg, und Häuser stehen leer. Doch arm ist wohl etwas anderes. Erklärt wird der Lüneburg-Effekt damit, dass Arbeitseinkommen dem BIP des Arbeits- und nicht des Wohnortes zugerechnet werden: Wer von Lüneburg nach Hamburg pendelt, trägt statistisch nichts zum Wohlstand seiner Region bei. Für die Menschen dort ist das erfreulich: Sie kommen jetzt in den Genuss von flächendeckenden Breitbandnetzen, renovierten Schulen, Deichen und Biber-Biotopen. Für die Gemeinschaft der Europäer aber, die an das Prinzip der Solidarität mit den wirklich Armen glaubt, ist es nur ärgerlich.

Der zweite große Topf der Strukturmittel heißt Wettbewerbsfähigkeit und Beschäftigung und ersetzt das frühere «Ziel 2»: Diese Mittel sollen strukturschwache Regionen in ansonsten reichen Mitgliedstaaten helfen, mit «industriellen Umbrüchen» fertig zu werden – dazu gehört zum Beispiel Nordrhein-Westfalen wegen der langsam sterbenden Kohle- und Stahlindustrie. Gefördert wird nach einem Punktesystem, das die Defizite wie etwa Arbeitslosigkeit bewertet. Auch hier gilt: Um Entzugserscheinungen zu vermeiden, erhalten die bisher geförderten Ziel-2-Regionen jährlich mindestens so viel Geld wie 2006. Für «Wettbewerbsfähigkeit und Beschäftigung» sind 16 Prozent der gesamten Mittel reserviert, entsprechend 48 Milliarden Euro.

Im dritten Topf mit der Bezeichnung Territoriale Zusammenarbeit sind jetzt mehrere große Förderprogramme zusammengefasst, die Projekte über nationale Grenzen hinweg fördern. Empfänger sind etwa Städte in Grenzregionen oder Unternehmen, die Geschäfte im Nachbarland machen wollen. Sie werden mit insgesamt 7,5 Milliarden Euro bedacht. Drei Viertel dieses Topfes bekommen allerdings die Regionen pauschal überwiesen, das heißt, alle Grenzgebiete erhalten Geld, wobei jene an der Grenze zu Rumänien und Bulgarien 50 Prozent mehr erhalten als die anderen.

Bis ins letzte Detail haben die Länder um die Regionalförderung gefeilscht. Wie viel jedes Land erhält, ist genau festgelegt. Darüber hinaus haben sich viele Mitglieder ihre Zustimmung zum Finanzrahmen mit ein paar Extragaben vom Brüsseler Weihnachtsmann erkauft: Spanien bekommt zu den 29,5 Milliarden Euro, die dem Land aus den Fonds ohnehin zustehen, zwei Milliarden zusätzlich draufgelegt. Österreich hat sich 150 Millionen gesichert, Nordirland lässt sich 250 Millionen Euro überweisen, für den erfolgreichen Friedensprozess. Auch Bundeskanzlerin Angela Merkel schlug bei dem Brüsseler Gipfel im Dezember 2005 noch 225 Millionen für die ostdeutschen Regionen und 100 Millionen Euro für Bayern heraus.

Was hatten die EU-Regierungschefs nach ihrem mühsam zustande gekommenen Haushaltsgipfel im Dezember 2005 vereinbart? Die Regionalpolitik sollte grundlegend reformiert werden. Man wollte versuchen, die Strukturmittel gezielter einzusetzen, sodass sie Europas Wirtschaft wettbewerbsfähig machen. «Lissabon» war das große Ziel: Im Jahr 2000, bei ihrem Gipfel in Lissabon, hatte die EU sich vorgenommen, bis 2010 die wirtschaftlich erfolgreichste, innovativste und dynamischste Region der Welt zu werden.

Die Kommission hat daher das Prinzip des «Earmarking» eingeführt, der Zweckbindung der Mittel: So wie neugeborene Kälber eine Marke ins Ohr gedrückt bekommen, müssen ein Teil der Förderanträge den «Lissabon-Stempel» tragen. 60 Prozent des Geldes aus dem großen Topf «Konvergenz» müssen Lissabontauglich sein, für die Kategorie «Wettbewerbsfähigkeit und Beschäftigung» wird das sogar für 75 Prozent der Mittel verlangt. Anders ausgedrückt: Drei Viertel der Mittel aus dem Haushaltsposten «Wettbewerbsfähigkeit und Beschäftigung» müssen so verteilt werden, dass damit das Wirtschaftswachstum gefördert wird und Arbeitsplätze entstehen.

Diese Hoffnung erfüllt das neue Fördersystem nicht, zumindest nicht nach derzeitigem Stand. Bei der Reform handelt es sich eher um eine Umetikettierung. Was die Kommission unter Lissabon-tauglichen Kriterien versteht, hat sie in einer 74 Punkte umfassenden Liste aufgeschrieben, die von Energie über Verkehr bis zur Weiterbildung reicht. «Maßnahmen zur Verbesserung des Zugangs von Frauen zur Beschäftigung» – vulgo Gleichberechtigung – gehören ebenso dazu. Das ist, als ob man einem Kind sagte: Hier hast du Geld und darfst dir kaufen, was du willst. Denn unter den großen Lissabon-Schirm passt alles, ob die Erforschung effizienter Solarzellen, Seminare für Unternehmungsgründer oder Hochgeschwindigkeitszüge.

Viele Mitgliedstaaten wirtschaften so weiter wie bisher: Zwar hat Brüssel die großen Stadtentwicklungs- oder Gleichberechtigungsprogramme abgeschafft. De facto aber werden sie vor Ort fortgeführt, weil die Regionen viele bisherige Projekte weiter finanzieren wollen. Und das können sie tun, weil die Lissabon-Strategie fast alles erlaubt.

Lissabon hindert jedenfalls Baden-Württemberg nicht daran, weiterhin Geld in Fabrikhallen zu investieren: 2007 erhielt die Ventilatorenfirma Ruck 250000 Euro für den Neubau einer Fertigungshalle, ebenso viel ging an die Spedition Stöhr, damit sie sich in einem neuen Gewerbegebiet ansiedelt. Auch Bayern fördert ganz pauschal Handwerksbetriebe im Grenzgebiet.

«Das ist eine Verwässerung der ursprünglichen europäischen Idee der Solidargemeinschaft», erregt sich der deutsche EU-Abgeordnete Markus Pieper. In den neuen Mitgliedstaaten werde viel zu viel Geld für die Ansiedlung von Unternehmen ausgegeben, so Pieper, der als Mitglied im Regionalausschuss des Parlaments sitzt. Bis zu 70 Prozent der Kosten können sich Unternehmen die Niederlassung in einem neuen EU-Land aus Brüssel zahlen lassen – einen Batzen Geld werde das verschlingen, fürchtet Pieper.

Im Jahr 2007 sollte ein neues Zeitalter für die Regionalförderung beginnen. Es wird wohl noch ein paar Jahre dauern, bis sich zeigt, ob es tatsächlich gelungen ist, das Geld zielgerichteter zu verteilen. Eine erste Analyse des Berliner EU-Experten Peter Becker von der Stiftung Wissenschaft und Politik jedenfalls lässt daran zweifeln, dass Europa auf dem Weg zu einem besseren System ist. Becker hat die «Operationellen Programme» einiger großer Mitgliedsländer genau gelesen und verglichen: In diesen Programmen müssen die Staaten aufschreiben, wie sie die Mittel ausgeben wollen. Demnach scheint der Wille zum Neuanfang nicht sonderlich ausgeprägt zusein. Ein Strategiewechsel und die Lissabon-Ziele lassen sich in den alten Mitgliedstaaten nur zum Teil erkennen, so Beckers Fazit. Vielmehr beobachtet er eine starke Kontinuität: Die Regionen wollen laufenden Projekten nicht einfach den Hahn zudrehen. Es ist ja auch bequemer, das Vorhandene fortzuschreiben. Kurzum, die Regionen wollen einfach weiter bestimmen, wie sie das Geld ausgeben. Beckers Fazit: Ob das eigentliche in den Verträgen fixierte Ziel der Strukturfonds – den Rückstand der am stärksten benachteiligten Gebiete aufzuholen – damit erreicht werden kann, bleibt offen.

Entschieden wird nicht danach: Was ist gut für Europa? Sondern: Was ist gut für mein Land?

Warum eigentlich sollte die EU für die Brücke über die Meeresenge von Messina zahlen? Sie steht auf der Liste vorrangiger Verkehrsprojekte – eine Straßenverbindung zwischen Reggio Calabria und dem sizilianischen Messina soll die Lücke in der großen europäischen Nord-Süd-Achse zwischen Berlin und Palermo schließen. Premier Berlusconi hat das Projekt, das aus Kostengründen in der Schublade verschwunden war, wieder hervorgeholt. 2010 will er den Grundstein legen lassen für die Hängebrücke, die schätzungsweise sechs Milliarden Euro kosten wird.

Die EU müsste davon die Hälfte aufbringen, entsprechend drei Milliarden Euro. Doch was italienische Regionalpolitiker als «Mutter aller Infrastrukturen» feiern, könnte sich als faules Ei erweisen. So sind die Straßen auf beiden Seiten der Brücke ramponiert – die A3, die von Salerno durch Kalabrien an die Meerenge von Messina führt, ist eine marode zweispurige «Autobahn», an der seit Jahren herumgeflickt wird, wie der Italien-Korrespondent der Süddeutschen Zeitung es beschrieben hat. Auf Sizilien fehlen Bus- und Zugverbindungen – die Inselbewohner wären dann zwar über eine grandiose Brücke mit dem Festland verbunden, würden aber nur mit Mühen dorthin kommen. Erschwerend kommt hinzu, dass die Mafia die Baugeschäfte in Süditalien längst im Griff hat. Cosa Nostra und 'Ndrangheta, der sizilianische und kalabrische Arm der Mafia, haben sich Ermittlern zufolge schon in Stellung gebracht, um über Tarnfirmen an Aufträge heranzukommen. Soll die EU wirklich ein Verkehrsprojekt finanzieren, dessen Nutzen zweifelhaft ist und das die Mafia alimentiert?

Zu groß scheinen derzeit noch die Beharrungskräfte zu sein, um tatsächlich einen radikalen Schnitt zu machen und sich auf die ursprüngliche Rolle der Strukturfonds zu konzentrieren: den Finanzausgleich zwischen den armen und den reichen Ländern. Doch die alten Mitgliedstaaten versuchen, möglichst lange möglichst viel aus den Fördertöpfen zu bekommen. Und statt sich tatsächlich auf einige besonders arme Regionen in den neuen Mitgliedstaaten zu konzentrieren, wird dort mit der Gießkanne verteilt.

Einstweilen wird man wohl weiter in Brandenburg unter Palmen planschen und in Dänemark Skifahren können.

Kapitel 5
Das große Mehrwertsteuerkarussell

Die Telefongeräte kamen klein verpackt, zu Tausenden in Kisten verstaut über den Ärmelkanal. Die in Luxemburg gemeldete Firma Eurocanyon hatte die Handys im Königreich gekauft und verschifft. Nun telefonieren auch die Luxemburger gerne mobil – doch so viele Menschen leben gar nicht im Großherzogtum, als dass die Handys dort ihre Abnehmer gefunden hätten. Die Geräte wurden vielmehr an verschiedene Firmen in Frankreich weiterverkauft.

Ein ganz normales Geschäft, könnte man meinen. Doch auf dem Weg der Mobiltelefone von Großbritannien nach Frankreich sind dem französischen Fiskus vermutlich mindestens 100 Millionen Euro verloren gegangen, wie die Zeitung Le Parisien im Oktober 2008 meldete. «Einen gigantischen Betrug» nannte der zuständige Ermittlungsrichter das Geschäft: Die französischen Abnehmer der britischen Ware existierten nur auf dem Papier. Es waren Briefkastenfirmen, welche die Telefone weiterverkauften – ebenfalls an fiktive Unternehmen, die sich ihrerseits die Mehrwertsteuer vom Finanzamt erstatten ließen. Dabei war zuvor nie ein Cent Abgabe auf die Telefone gezahlt worden. Ein Dutzend Personen soll an dem betrügerischen Handel beteiligt gewesen sein, Kopf der Bande war nach Aussage des Richters ein Israeli mit französischem Pass. Bis die Zollermittler ihn aufgespürt hatten, war die erschlichene Steuer längst auf einem Konto im Ausland gelandet.

Steuerbetrug gilt als «White collar»-Kriminalität. Viele Menschen sehen den Betrug am Staat eher als eine Art Sport denn als ein Delikt. Wer privat Steuern hinterzieht, kann sich sogar der Bewunderung vieler Mitmenschen sicher sein – schließlich ist es gelungen, dem bösen Finanzamt ein Schnippchen zu schlagen. Die Steuern seien doch ohnehin viel zu hoch, so die weitverbreitete Meinung, der Staat lange überall kräftig hin, und der arme Bürger werde geschröpft. Selbst den organisierten Steuerbetrug dürften die wenigsten Menschen – trotz der Millionenverluste für die Öffentlichkeit – als besonders schwerwiegende kriminelle Tat einstufen. Der Staat als Opfer erregt selten Mitleid.

Hundert Milliarden Euro gehen Europa jährlich allein durch Mehrwertsteuerbetrug verloren, schätzt der Europäische Rechnungshof in Luxemburg. In Deutschland schlagen die Mehrwertsteuerdelikte mit 17 bis 18 Milliarden Euro zu Buche, vermutet man beim Deutschen Institut für Wirtschaftsforschung, ein Drittel davon dürften auf das Konto grenzüberschreitend tätiger Betrüger gehen.

Für die Mitgliedstaaten ist das ärgerlich, doch ebenso für die EU-Kommission. Denn etwa ein Sechstel ihrer Einnahmen stammt aus den «Mehrwertsteuer»-Eigenmitteln: Die Finanzminister überweisen – entsprechend ihrem nationalen Mehrwertsteueraufkommen – eine bestimmte Summe nach Brüssel. Da jedoch nur die tatsächlich eingenommenen Steuern zählen, gehen der Union ein paar Milliarden Euro jährlich verloren.

Alarm schlug auch «Her Majesty's Revenue and Customs», die Steuer- und Zollbehörde des Vereinigten Königreiches, bei einer Anhörung vor dem Europaparlament im Sommer 2008. Cedric Andrew ist der britische Experte für «Missing Trader Fraud», und er fand deutliche Worte vor den Mitgliedern des Parlamentsausschusses für Haushaltskontrolle. «Missing Trader» heißt so viel wie «Fehlender Händler», und Missing Trader Fraud nennen Fachleute den Steuerbetrug mit Scheinfirmen. Dieser Schwindel über Europas Grenzen hinweg, so Andrew, macht inzwischen den größten Teil des gesamten Mehrwertsteuerbetrugs aus. Es handle sich inzwischen um einen «orchestrierten Angriff auf das System», warnte der Brite. Und was macht die EU? Sie streitet darüber, wer eigentlich zuständig ist, die Betrüger zu verfolgen. Die Betrugsbekämpfung scheitert zu häufig an nationalen Blockaden, kritisierte der deutsche EU-Parlamentarier Werner Langen.

Dass man sich überhaupt an einer Steuer derart bereichern kann, liegt am Binnenmarkt. Europas gemeinsamer Markt gleicht einer Steueroase, weil Waren mehrwertsteuerfrei über die Grenzen verkauft werden können. Das haben die Mitglieder 1993 – nach Vollendung des gemeinsamen Marktes – so entschieden, weil sonst bei grenzüberschreitenden Geschäften komplizierte multinationale Steuertransaktionen fällig gewesen wären. Mehrwertsteuer wird nur in dem Mitgliedstaat entrichtet, in dem die Waren endgültig verkauft werden.

Normalerweise funktioniert Mehrwert- oder Umsatzsteuer so: Wer etwas kauft, zahlt den Nettopreis plus eine Abgabe von 19 Prozent. Diese Steuer darf der Händler aber nicht behalten, sondern muss sie an den Fiskus weiterleiten. Wenn allerdings mehrere Händler oder Verarbeiter beteiligt sind, dann schreibt jeder eine Rechnung für den nächsten, inklusive Mehrwertsteuer. In der Praxis fordert der Händler von seinem Kunden die Mehrwertsteuer ein. Die Steuer, die er vorher selber zahlen musste, lässt er sich vom Finanzamt als «Vorsteuer» erstatten.

Der Fiskus zahlt in der Regel innerhalb weniger Wochen die beantragte Vorsteuer, ohne groß zu prüfen – bei schätzungsweise einer halben Milliarde Zahlungsvorgängen jährlich allein in Deutschland wäre das auch gar nicht praktikabel. Betrüger nutzen das nun schamlos aus: Die eine Strohfirma stellt eine Scheinrechnung aus, die andere lässt sich die Vorsteuer überweisen. Bis die Beamten merken, dass die erste Firma die Mehrwertsteuer gar nicht bezahlt hat, die sie laut Rechnung von der zweiten bekommen haben soll, sind beide Händler längst verschwunden.

Missing Trader ist gewissermaßen die klassische Variante des Mehrwertsteuerbetrugs. Besonders findige Gauner nutzen eine etwas kompliziertere, jedoch zugleich lukrativere Methode: An «Karussellgeschäften» sind in der Regel mehrere Firmen beteiligt, was sie länger davor schützt, enttarnt zu werden. Ein Händler in

Großbritannien kauft zum Beispiel Computerchips in Frankreich für eine Million Pfund. Die Ware wird nach England verschifft, eine Mehrwertsteuer muss der Verkäufer nicht zahlen, es gelten die Gesetze des Binnenmarktes. Während die Elektronik im Hafen lagert, verkauft der Händler sie an einen Komplizen für 1,1 Millionen Pfund plus den britischen Mehrwertsteuersatz von 17,5 Prozent. Der Komplize überweist ihm 1 292 500 Pfund und verkauft die Ware an einen weiteren Komplizen für 1,2 Millionen Pfund plus Mehrwertsteuer. Dafür erhält er 1,41 Millionen Pfund. Der dritte Händler verkauft die elektronischen Bauteile an eine deutsche Firma. Diese zahlt umgerechnet 1,5 Millionen Pfund ohne Mehrwertsteuer. Die Bande hat damit – zunächst völlig legal – einen Profit von 500 000 Pfund gemacht, allein durch den Handel mit Elektronik.

Normalerweise hätte der erste Händler 192 500 Pfund an die britische Steuerbehörde zahlen müssen. Der zweite Händler hat 210 000 Pfund Mehrwertsteuer erhalten, zugleich offiziell 192 500 Pfund an Steuern bezahlt und muss daher nur 17 500 Pfund abführen. Der dritte Händler hat zuvor 210 000 Pfund Steuer gezahlt, die er vom wieder Fiskus einfordern kann.

Weil sie allesamt Betrüger sind, verschwindet der erste Händler, ohne einen Cent an das Finanzamt zu überweisen. Und wenn der letzte Händler seine 210 000 Pfund eingesteckt hat, verschwinden alle Firmen. Für die Finanzbehörde ist es extrem schwierig, die Verbindungen zwischen den drei Händlern nachzuweisen. Übrigens muss die Ware während der gesamten Transaktionen niemals den Hafen in Großbritannien verlassen, bevor sie nach Deutschland exportiert wird.

Karusselgeschäfte funktionieren deshalb, weil die EU ein Binnenmarkt ist und beim grenzüberschreitenden Handel keine Steuer erhebt. Der Betrug mit Mehrwertsteuer ist attraktiv: Mit wenig Aufwand können Betrüger hohe Gewinne einstecken, während das Risiko, entdeckt zu werden, gering ist. Deutschland ist von Karusselgeschäften überdurchschnittlich häufig betroffen, weil die Behörden die Vorsteuer relativ schnell erstatten und es Betrügern damit erleichtern zu verschwinden. Beim Brüsseler Amt für Betrugsbekämpfung Olaf befürchtet man, dass nicht mehr nur Privatpersonen, sondern zunehmend die organisierte Kriminalität diese Form des Betrugs praktiziert.

Karussellgeschäfte sind deshalb so schlecht aufzudecken, weil Steuerfahnder und Polizei an den Grenzen haltmachen müssen. Dabei haben die EU-Länder längst vereinbart, besser zusammenzuarbeiten. Die entsprechende Verordnung des Rates trägt die Nummer 1798/2003 EG, und sie sieht vor allem vor, dass die lokalen Steuerbehörden sich gegenseitig schneller als zuvor informieren. Wenn ein Finanzbeamter eine Auskunft von einem ausländischen Kollegen verlangt, sollte dieser innerhalb von drei Monaten reagieren.

Drei Monate sind nicht gerade wenig Zeit, um eine Anfrage zu beantworten. Doch selbst diese Frist scheint die Mitgliedstaaten zu überfordern. Die Hälfte der Ersuche werde nicht fristgemäß bearbeitet, rügt der Europäische Rechnungshof in einem Sonderbericht zum Mehrwertsteuerbetrug vom Dezember 2007. Zu den säumigen Informanten gehört auch Deutschland: Von 6929 Anfragen im Jahr 2006 seien 3195, fast die Hälfte also, verspätet beantwortet worden, kritisieren die Luxemburger Prüfer. Der Vorwurf trifft vor allem die deutschen Behörden hart, die nach Meinung des Hofes die Verfolgung von Delikten regelrecht verschleppen. Und Deutschland erhielt obendrein eine spezielle Rüge: Das Land habe gegen europäisches Recht verstoßen. Als die Fachleute des EU-Rechnungshofes für ihren Bericht vor Ort recherchieren wollten, verweigerte das Bundesfinanzministerium eine Erlaubnis für Prüfbesuche in Finanzbehörden – ein einmaliger Vorgang. Die Kommission hat deshalb Deutschland verklagt – wegen Verletzung der EU-Verträge.

Statt sich gegenseitig zu unterstützen, rangeln beide Seiten hinter den Kulissen um ihre Kompetenzen: Deutschlands Finanzminister Peer Steinbrück rechtfertigte die Weigerung damit, dass es keine juristische Grundlage für ein Prüfungsbegehren gebe. Mehrwertsteuer sei Sache der Mitgliedstaaten – und daher laste auch die Betrugsbekämpfung auf ihren Schultern. Kommission und Rechnungshof halten dagegen, dass der Mehrwertsteuerbetrug sich auch auf den EU-Haushalt auswirke, da die Mitgliedstaaten entsprechend weniger in die Brüsseler Kasse überweisen.

Doch es geht bei diesem Streit mehr als nur um Prinzipienreiterei: Brüssel setzt gezielt auf die engere Zusammenarbeit der Mitgliedstaaten, denn Kooperation ist nach Meinung der Kommission die einzig wirksame Methode im Kampf gegen Steuerbetrüger. Das Tempo der Zusammenarbeit entscheide über den Erfolg, heißt es beim Rechnungshof, weil es meistens Scheinfirmen sind, die betrügen und schnell von der Bildfläche verschwinden, bevor sie entdeckt werden. Und Betrüger haben immer einen zeitlichen Vorsprung. «Time is money», sagt auch der britische Steuerbetrugsexperte Andrew.

Steinbrück will dagegen ein ganz neues System der Steuererhebung – das Modell der «reverse charge», der umgekehrten Besteuerung. Dabei würde zwischen Unternehmen keine Mehrwertsteuer verrechnet, erst der letzte Kunde in einer Lieferkette würde die Abgabe dem Fiskus überweisen. Wo keine Steuer bezahlt wird, kann auch keine unterschlagen werden, so das Argument. Berlin würde diese Steuererhebung auch im Alleingang einführen. Die Kommission dagegen verlangt, dass ein solcher weitreichender Systemwechsel EU-weit geschehen müsse, weil ein Nebeneinander zweier verschiedener Methoden im Binnenmarkt nicht funktioniere. Tatsächlich streiten Fachleute auch darüber, wie betrugsresistent Reverse-Charge in der Realität ist.

Sollen sie streiten, könnte man nun sagen. Doch das Hickhack führt nach Meinung vieler Experten letztlich dazu, dass es bei der Bekämpfung des Steuerbetrugs nicht vorangeht. Deutschland weigert sich, seine Daten mit den anderen Mitgliedstaaten zu teilen und in Eurocanet einzuspeisen. Eurocanet (European Carousel Network) ist eine freiwillige Datenbank, die belgische Steuerfahnder aufgebaut haben, um mit ihren europäischen Kollegen Informationen über Steuerbetrüger und Prüfungen nationaler Finanzbehörden auszutauschen. «Bedauerlich und unverständlich», nennt die deutsche Europaabgeordnete und Mitglied des Haushaltskontrollausschusses Ingeborg Gräßle die Haltung Berlins. Denn Eurocanet, so sagen Insider, funktioniere sehr gut für die Mitgliedstaaten, die sich daran beteiligen. Belgien etwa hat kaum mehr mit Karusselbetrug zu tun, seitdem es die Datenbank gibt.

Im Oktober 2008 haben die EU-Finanzminister «Eurofisc» ins Leben gerufen, das eine Art Frühwarnsystem für die nationalen Steuerbehörden sein soll. Eurofisc sei nur eine schlechte Kopie von Eurocanet, spottet ein Brüsseler Betrugsexperte. Denn es werde von den Behörden verwaltet, nicht von den Ermittlern selbst. Ob Eurofisc eine Verbesserung bei der Betrugsbekämpfung bringen wird, ist unklar – schließlich ist auch hier die Teilnahme der Mitgliedstaaten freiwillig. Das sei wie ein Fußballspiel am Sonntagmorgen, mokiert sich ein hoher deutscher Finanzkontrolleur. Wenn die Hälfte der Spieler ausschlafen wolle, dann komme kein ordentliches Spiel zustande. Gräßle schüttelt nur noch den Kopf über die Deutschen: «Es kann nicht sein, dass die Finanzverwaltung bei den kleinen Steuerzahlern genau hinsieht und beim Großschaden des Mehrwertsteuerbetrugs beide Augen zudrückt, weil die europäische Zusammenarbeit verweigert wird.»

Der Streit über die richtige Bekämpfung des Steuerbetrugs ist typisch für die Gemengelage in der Europäischen Union. Die Mitgliedstaaten hüten ihre steuerpolitischen Kompetenzen und erschweren so die grenzüberschreitende Betrugsbekämpfung – obwohl diese im gemeinsamen Markt dringend geboten wäre. Sie schaffen gemeinsame Instrumente wie die Betrugsbekämpfungsbehörde Olaf – achten dann aber misstrauisch darauf, dass die Olaf-Fahnder nicht zu viele Befugnisse erhalten. Als Olaf-Ermittler sich einmal in einem besonders großen Fall von Karussellbetrug hilfesuchend an deutsche Staatsanwälte wendeten, wurden diese vom Bundesfinanzministerium zurückgepfiffen. Deutschland poche in EU-Angelegenheiten stets auf das Steuergeheimnis, sagt ein Brüsseler Beamter. Dabei sei man doch gar nicht pingelig bei der Verwendung gestohlener Daten, spielt der Mann auf die Liechtenstein-Geldaffäre an. Für ihn tritt man beim Kampf gegen den Mehrwertsteuerbetrug auf der Stelle: «Da hat sich in fünf Jahren gar nichts getan.»

Derweil gehen die Karussellfahrten auf Kosten Europas Steuerzahler munter weiter.

Brüssel und die EU-Institutionen

Kapitel 6
Hauptstadt der Lobbyisten

Der westfälische Bauer steht gemeinhin im Ruf, ein schweigsamer Dickschädel zu sein. Doch wenn er redet, liebt er markige Sprüche. «Spritdelirium» ist so ein Kraftausdruck, und Friedrich-Wilhelm Graefe zu Baringdorf, Hofbesitzer aus Spenge, verwendet ihn, um die Begeisterung zu beschreiben, die einst Bauern und Grüne gleichermaßen beim Gedanken an Biotreibstoffe erfasste. Dem grünen Europaabgeordneten und Biobauern Graefe zu Baringdorf und seinen Brüsseler Kollegen dagegen schwante längst, dass der Sprit vom Acker sich zum Konkurrenten von Brot und Müsli erweisen würde. Die «Teller statt Tank»-Kampagne, welche Europas Grüne Anfang 2007 starteten, schmeckte ihren Berliner Kollegen freilich wenig – die biospritbegeisterte ehemalige nordrhein-westfälische Landwirtschaftsministerin Bärbel Höhn belehrte Graefe zu Baringdorf per offenen Brief, dass beides möglich sei: volle Tanks wie auch volle Teller, weltweit.

«Das war schon eine massive Drohung», erinnert sich Graefe zu Baringdorf. Der Rebell, der vorzugsweise ausgebeulte Cordhosen und grüne Strickjacken trägt, ist eigentlich ein Aushängeschild für die Grünen im Europaparlament, seine Meinung in Landwirtschaftsfragen hat Gewicht. Nur beim Biosprit, da muss etwas gründlich schiefgelaufen sein. Die grüne Fraktion im EU-Parlament stand mit ihrer Kritik alleine da, jahrelang haben Politiker aller Parteien in ganz Europa den Biosprit gefördert – obwohl Fachgutachten längst darauf hingewiesen hatten, dass Treibstoff vom Acker erhebliche Nebenwirkungen mit sich bringt und kaum als Ersatz für Erdöl taugt. Die Politik hatte sich einlullen lassen von der Bauernlobby, die im Treibstoff aus Raps und Mais für ihre darbenden Bauern neue Einnahmequellen witterte. Vor allem aber ließ sie sich beeinflussen von der Autoindustrie, die – angesichts der Diskussion um das klimaschädliche Kohlendioxid aus dem Auspuff – zum stärksten Befürworter und Lobbyisten für Biosprit wurde.

Die Begeisterung für den vermeintlich umweltfreundlichen Treibstoff ist deshalb nicht nur ein Lehrstück dafür, dass auch wohlmeinende Grüne sich gründlich irren können. Sie beweist vor allem, welchen Einfluss die Industrie auf Brüsseler Gesetze ausübt.

Brüssel gilt, nach der US-Hauptstadt Washington, als die politische Metropole des Lobbyismus. Schätzungsweise 15 000 Interessensvertreter haben hier ihre Büros oder reisen regelmäßig aus den Mitgliedstaaten an. Sie reden mit Abgeordneten und beraten die Kommission. Ihr Job ist es, dafür zu sorgen, dass die Interessen von Unternehmen, Berufsverbänden oder Umweltgruppen nicht zu kurz kommen. Im besten Fall beliefern sie die Eurokraten mit nützlichen Fachdetails, wie ein Beamter der Kommission sagt: Die wichtigsten Dinge erfahre er von Lobbyisten, die seien immer so gut informiert. Im schlimmsten Fall versuchen sie, Abgeordnete oder Kommissionsmitarbeiter zu bestechen, was natürlich strafbar ist. Ganz legal, jedoch höchst bedenklich ist, wie Lobbys die Gesetzgebung steuern.

Im Fall des Biosprits lässt sich das ziemlich genau, Schritt für Schritt, nachvollziehen. Und diese Geschichte der – offiziell immer noch angestrebten – Biospritquote ist vor allem die Geschichte, wie ein Gesetz in Brüssel zustande kommt und wer dabei mitredet. Zwar zweifeln inzwischen, angesichts der horrend gestiegenen Nahrungsmittelpreise, etliche nationale Politiker am Sinn einer Biospritquote. Und auf Druck einiger Mitgliedsländer sieht das Klima- und Energiepaket, das beim Gipfel im Dezember 2008 in Brüssel beschlossen wurde, vor, strengere Kriterien für die

Herstellung von Biosprit zu erlassen. Offiziell aber hält die EU unbeirrt an einer Quote von zehn Prozent fest. «Der Hunger in Afrika hat nichts mit Biosprit zu tun», war EU-Kommissionspräsident José Manuel Barroso noch im Sommer 2008 überzeugt. Barroso kann auch nicht eingestehen, dass eine Biospritquote Unsinn ist – sonst würde er schließlich den langen Gesetzgebungsprozess infrage stellen und damit indirekt auch die Glaubwürdigkeit der Kommission.

Um die Hartnäckigkeit der Kommission zu verstehen, lohnt ein Blick zurück; auch nach Deutschland, dessen Politiker sich für die Quote besonders stark gemacht haben. Die Erfolgsgeschichte des Biosprits ist eine lange Geschichte, und Axel Friedrich kann sich darüber nur noch wundern. Friedrich leitete 27 Jahre lang die Abteilung «Verkehr und Lärm» am Umweltbundesamt – bis vor wenigen Monaten sein oberster Dienstherr, Umweltminister Sigmar Gabriel, den unbequemen Beamten zwangsversetzte. Friedrich, Verfechter eines umweltfreundlicheren Verkehrs, hatte längst auch die Schwachstellen der vermeintlichen Wunderwaffe Biosprit bloßgelegt. Schon vor 15 Jahren mochten er und seine Mitarbeiter den nachwachsenden Rohstoffen im Autotank keine große Zukunft vorhersagen. Doch statt dass man im Umweltministerium auf die eigenen Experten hörte, bekamen die einen Maulkorb verpasst – oder wurden, wie Axel Friedrich sich erinnert, «verdächtigt, von der Ölindustrie bestochen zu sein». Die Warnungen, dass Monokulturen von Raps und Rüben den Boden ruinieren, dass Biomasse für Europas Jeeps die Anbauflächen für Reis und Hirse in Entwicklungsländern verdrängen, verhallten. Der grüne Umweltminister Jürgen Trittin verkündete 2005, dass man «bis 2020 den Anteil alternativer Kraftstoffe auf ein Viertel steigern» wolle – obwohl ein Gutachten des Umweltrates, das der Minister selbst in Auftrag gegeben hatte, die Schwächen des Biosprits anprangerte.

Weil Deutschlands Grüne dem Biosprit die Absolution erteilten, konnte zunächst die Agrarlobby auf Subventionen für Bauern und Steuervergünstigungen für Rapsöl drängen. Als dann auch die Autoindustrie den alternativen Treibstoff für sich entdeckte, wurde der Druck auf die Politik massiv. Denn Europas Fahrzeugkonstrukteure mussten Kohlendioxid einsparen. Spätestens 2012 sollte aus den Auspuffen europäischer Autos im Schnitt ein Drittel weniger Kohlendioxid kommen, entsprechend 120 Gramm pro Kilometer. So sah es eine freiwillige Selbstverpflichtung aus dem Jahr 1996 vor. Doch zur Halbzeit dieser Frist, etwa 2004, stellte sich heraus, dass die Autobauer weit davon entfernt waren, das Ziel auch nur annähernd zu erreichen. Brüssels streitbarer Umweltkommissar Stavros Dimas, zunächst noch unterstützt von seinem Kollegen Günter Verheugen, zuständig für Industrie, und von Kommissionspräsidenten José Manuel Barroso, drohte im Herbst 2006 mit einem Gesetz.

Jetzt zahlt es sich aus, dass die Wege zwischen den Brüsseler Büros der Autokonzerne und denen der Kommission kurz sind. Die Lobbyisten, die die Interessen von BMW, Volvo oder Fiat in Europas Hauptstadt vertreten, müssen dabei gar nicht im Palais Berlaymont, dem Sitz der Kommission, antichambrieren. Die Autoindustrie hat über die hochrangig angesiedelte Arbeitsgruppe «Cars 21» direkten Zugang zu den Schaltstellen der Macht. In diesem Gremium, das die Kommission in Verkehrsfragen berät, sitzen zwei Dutzend Kommissare, nationale Minister und Vertreter der Autobauer – und der einsame Vertreter eines Umweltverbandes.

Nach Dimas' Drohung, die Industrie in die Pflicht zu nehmen, steigt die Alarmstimmung in der Rue du Noyer Nummer 211. Dort, nur einen kurzen Fußmarsch vom Berlaymont entfernt, residiert der Verband Europäischer Automobilbauer ACEA und mit ihm ein Drittel der Brüsseler Autolobbyisten. Man werde Gesetzen, welche den Ausstoß an Kohlendioxid begrenzen, nicht zustimmen, lässt der Verband mitteilen. Dass die CO_2-Werte langsamer als geplant sinken, schiebt man bei ACEA auf die Verbraucher. Sie seien schuld, weil sie nach schweren Limousinen und Geländewagen verlangten und sparsame Kleinwagen verschmähten. Alarmstimmung herrscht auch in Deutschland. Daimler-Chrysler droht vollmundig in der Bild am Sonntag: Man werde mehrere Werke schließen müssen, in denen die Luxusmodelle der C-, E- und S-Klasse hergestellt werden, 65 000 Arbeitsplätze seien in Gefahr.

Unter dem Druck von Daimler und Co. knickt Industriekommissar Verheugen ein. Man einigt sich Anfang Februar 2007 auf einen Kompromiss: Bis 2012 dürfen aus den Auspuffen europäischer Fahrzeuge im Schnitt nur noch 130 Gramm CO_2 pro Kilometer kommen – das sind zehn Gramm mehr als das ursprünglich vorgesehene Ziel. Und jetzt kommt der Biosprit ins Spiel. Denn wenn dem gewöhnlichen Benzin oder Diesel Pflanzentreibstoff beigemischt wird, dann produziert der Motor weniger klimaschädliche Gase. Der Agrarsprit soll also die entstandene Lücke von 10 Gramm CO_2 pro Kilometer schließen.

«Das war ein Deal, der die bisherige Logik des Biosprits fortführte», sagt Jos Dings. Der Holländer leitet die Brüsseler Umweltgruppe «European Federation for Transport and Environment». Zur Erklärung zieht Jos Dings eine Grafik aus seiner Schreibtischschublade. Auf dem Papier ist der Zusammenhang zwischen dem CO_2-Ausstoß der Flotte der größten Autoproduzenten Europas und der Biospritquote im jeweiligen Land als Kreuzchen eingezeichnet. Es ist eine ziemlich gerade Kurve, nur zwei Ausreißer springen ins Auge: Deutschland und Schweden. Das sind nicht nur die Länder, wo besonders PS-starke und daher klimaschädliche Autos hergestellt werden, sondern wo die Regierungen auch besonders hohe Beimischungsquoten für Biosprit vorschreiben.

Nur wenige Wochen nachdem man sich auf die entschärfte Abgasgrenze von 130 Gramm CO_2 pro Kilometer geeinigt hat, kommen die Regierungschefs zu ihrem Frühjahrsgipfel in Brüssel zusammen. Das Treffen wird man später als historisch bezeichnen, immerhin verabreden die EU-Mitglieder ein ehrgeiziges Klimaschutzprogramm. Wichtiger Bestandteil ist die Quote von zehn Prozent Biosprit im Tank bis 2020. Ist das Zufall? Wohl kaum. Ohne eine Beimischungsquote wäre das 120-Gramm-Ziel nicht zu erreichen. Jetzt ist es an der Kommission, ein Gesetz zu formulieren, das die Quote festschreibt. Sie wird dabei von Kräften unterstützt – durch die Industrie.

Es ist noch dämmrig, als Nina Holland am frühen Morgen des 31. Januar 2008 vor dem Diamant Konferenz Center am Boulevard Reyers in Brüssel steht. Die Lastwagen kriechen aus dem Tunnel vor dem Gebäude hoch. Nina Holland stammt, wie Jos Dings, aus Amsterdam. Sie ist Mitte zwanzig, über den blonden Locken trägt sie einen schwarzen Schlapphut und feuert ein Grüppchen von Aktivisten der Bürgerbewegung «Corporate Europe Organisation» an. Zwei junge Männer mit Rastalocken trommeln fleißig, zwei andere halten ein Transparent hoch, auf dem Tankzapfen wie Pistolen aussehen und geschrieben ist «Agrofuel no cure against oil addiction» – «Agrosprit ist kein Mittel gegen die Droge Erdöl». Hinter der Glasscheibe zum Eingang der Konferenzzentrums wachen uniformierte Sicherheitskräfte darüber, dass die Protestierenden nicht ins Gebäude eindringen, während Herren mit dunklem Anzug und Rollköfferchen aus Taxis steigen.

Sie kommen zum Treffen der EBFTP, dahinter verbirgt sich die European Biofuel Technology Platform, ein Beratergremium der Kommission. Die Mission der Runde ist festgelegt, wie sich im Internet nachlesen lässt: «Effizienten Biosprit entwickeln, eine gesunde Biospritindustrie aufbauen und die Verbreitung alternativer Treibstoffe vorantreiben». Die Mitglieder sind: Vertreter der Autofirmen Volkswagen, Volvo und Fiat, des Chemiemultis Dupont und des spanischen Rapsölproduzenten Repsol YPF. Von 125 Beratern stammen gerade einmal zwei aus Umweltorganisationen.

«Die Entscheidung über Biosprit liegt bei Firmen, die ein wirtschaftliches Interesse haben», erregt sich Nina Holland. Doch die Art und Weise, wie sich die Kommission beraten lässt, hat Methode: Die Mitglieder von EBFTP wurden von einem Vorläufergremium berufen, das bereits mehrheitlich aus Vertretern der Auto- und Biotechbranche bestand. Der alte Vorsitz rotierte lediglich zu einem neuen, Beraterinzucht könnte man es nennen. Und schon die erste Runde hatte eine «Biospritstrategie» entworfen. Die ist als offizielles Dokument der Kommission veröffentlicht und schlägt eine Quote von nicht nur zehn, sondern sogar 25 Prozent Biosprit vor.

Ende Januar 2008, fast zur selben Zeit, als Nina Holland und ihre Mitstreiter in Brüssel gegen die Pläne für angeblich grünen Treibstoff trommeln, wird bekannt, dass Wissenschafter mehrerer EU-Forschungszentren eine Studie erarbeitet haben. Darin bezweifeln sie, dass Biosprit gut für das Klima und die Umwelt ist. Ihre Ergebnisse hält die Kommission bis heute unter Verschluss: Das Papier sei nicht durch das in der Forschung übliche «Peer review»-Verfahren von unabhängigen Gutachtern überprüft worden, erklärt ein Beamter in Brüssel. Sonderbar nur, dass diese hohen Ansprüche nicht an die Papiere der industrienahen EBFTP angelegt werden.

Wen wundert da noch, dass Umwelt- und Verbraucherschützer längst beklagen, dass der Einfluss der mächtigen Industrielobbyisten drastisch zugenommen hat? Wen wundert, dass der EU-Bürger das Gefühl hat, in Brüssel werde mehr auf die Interessen der großen Firmen als auf die von Mensch und Umwelt geachtet?

Historisch gesehen, ist Lobbying – das manchmal auch als fünfte Gewalt bezeichnet wird – eine angelsächsische Erfindung. Das Wort stammt ursprünglich von der «Lobby», der Eingangshalle von Rathäusern oder den Fluren des Parlaments und Capitols, wo man die Abgeordneten abfing, um ihre Entscheidungen zu beeinflussen. Zum festen Bestandteil des politischen Vokabulars wurde es, als der US-Präsident Ulysses Grant nach einem Brand im Weißen Haus Zuflucht in einem Hotel gesucht hatte und dort von Bittstellern belagert wurde. Ohnehin erlaubten die USA bereits im 19. Jahrhundert einen viel stärkeren Einfluss der Bevölkerung auf die Gesetzgebung, als es in Kontinentaleuropa üblich war – Petitionen gehörten hier zu den Grundrechten der Bürger. Nicht umsonst gibt es den englischen Ausdruck «pressure group», die Gruppe, die Druck auf Politik oder Unternehmen ausübt, um ein Ziel durchzusetzen. Der französische Politologe und Autor des Buches «Les lobbies à l' assaut de l'Europe» (Die Lobbys stürmen Europa) Bernard Lecherbonnier sieht im verbreiteten Lobbying denn auch den Ausdruck eines anderen Politikverständnisses als das des republikanischen Frankreich. Dort drücke sich der allgemeine Wille im Staat und seinen gewählten Vertretern aus – und der Versuch einer Gruppe, ihre privaten Interessen durchzusetzen, sei im Prinzip im politischen System nicht vorgesehen. Pointiert gesagt: Beim Lobbying treffen – im schlimmsten Fall – Machiavelli und Rousseau aufeinander.

In Brüssel werde es bald für jeden Kommissionsbeamten einen Lobbyisten geben, höhnen Experten. Noch ist das übertrieben: Mindestens 15 000 Interessenvertreter zählt man, die Brüsseler Beamtenschaft wird mit etwa 25 000 beziffert. Doch tatsächlich gibt kaum mehr eine politische, wirtschaftliche oder gesellschaftliche Gruppierung in Deutschland, die nicht einen Vertreter in Brüssel hätte – sei es nun die Evangelische Kirche Deutschlands, die Bank für Kreditwirtschaft oder der Berufsverband der Feuerwehrleute. Die anderen europäischen Mitgliedstaaten machen es genauso. Und wenn Firmen ihre Interessen in Gefahr sehen, gründen sie auch schnell mal einen neuen Verband mit einem schönen Namen. So entstand im Jahr 1996 «europabio». Das steht für «European Association for Bioindustries» und ist eine Vereinigung, zu der die Großen der Pharma- und Biotechbranche wie Monsanto, Bayer und BASF gehören und welche die Gentechnik in Europa vorantreiben will.

Von den Lobbygruppen in Brüssel verfolgt etwa ein Drittel offen wirtschaftliche Ziele, wie Bernard Lecherbonnier untersucht hat. PR-Firmen und Anwaltskanzleien stellen ein Viertel der Lobbyisten. Gut jeder Zehnte arbeitet für eine gemeinnützige Nichtregierungsorganisation, die sich um Umweltfragen oder gesellschaftliche Belange kümmert. Der Rest verteilt sich auf internationale Organisationen, Handelskammern, politische Parteien sowie die Regionen Europas. Die Bayerische Vertretung etwa residiert mit über einem Dutzend Mitarbeitern in einer der schönsten Villen im Europaviertel – direkt im Schatten der Parlamentsgebäude. Und pocht damit auf den besonderen Einfluss des Freistaats. «Wer nach Europa will, kommt an Bayern nicht vorbei», hat der frühere Europaminister Eberhard Sinner doppelsinnig gesagt. Bayern macht also vor, wie eine Region in Europa sich in Brüssel richtig darstellt und durch ihre Präsenz früh genug bei der EU-Politik mitmischt.

Doch auch Anfängern wird es leicht gemacht: Zahllose Bücher und Kurse geben Tipps für das richtige Lobbying. Zum Beispiel dürfe ein guter Lobbyist nicht nur möglichst viele Informationen über ein Gesetzesvorhaben sammeln, heißt es in dem französischen Buch «Lobbying, les règles du jeu» (Lobbying, die

Spielregeln). Er müsse den richtigen Moment erkennen, an dem die Entscheider Informationen brauchen. Wie ein Raubvogel, der sich auf sein Opfer stürzt, müsse der Lobbyist dann rasch eingreifen.

Eine zweitägige «Masterclass in EU-Lobbying» bietet das European Training Institute an. Wer 1750 Euro plus belgische Mehrwertsteuer von 21 Prozent zahlt, kann von sieben Experten das Handwerk von der Pike auf lernen. «Die Möglichkeiten der Einflussnahme sind in Brüssel unvergleichlich groß», wirbt Kursleiter Boris Rousseff, Lobbyist mit 30 Jahren Berufserfahrung. Je komplexer und vielschichtiger ein System sei, umso stärker wachse die Möglichkeit, es zu verändern. Anders ausgedrückt, soll das wohl heißen: Im Brüsseler Dschungel findet man immer jemanden, der beeinflussbar ist. Wichtiger Bestandteil des Kurses: das Verständnis der Brüsseler «Komitologie», der Wissenschaft der Ausschüsse. Die Kommission ist als Exekutive auch dafür verantwortlich, EU-Beschlüsse europaweit umzusetzen. Dabei wird sie von «Komitologie-Ausschüssen» unterstützt, von denen es etwa 250 für nahezu alle wichtigen Politikbereiche gibt. Sie haben so schöne Namen wie «Ausschuss für die Anpassung der Richtlinien über die Beseitigung der technischen Handelshemmnisse bei Wasch- und Reinigungsmitteln an den technischen Fortschritt». Darin tagen von den Mitgliedstaaten entsandte Vertreter unter dem Vorsitz eines Kommissionsbeamten. Sie beraten über Entwürfe für die Durchführung eines zuvor verabschiedeten Gesetzes und geben eine Stellungnahme ab. Für Lobbyisten sind die Mitglieder der Ausschüsse wichtig, denn sie entscheiden letztlich darüber, wie EU-Verordnungen, Richtlinien und Beschlüsse in den Mitgliedstaaten umgesetzt werden.

Das klingt kompliziert? Ist es auch. Im Vergleich zu Brüssel funktioniert Berlin wie ein Spiel mit klaren Regeln: Der Bundeskanzler wird von den Abgeordneten gewählt, die Regierung repräsentiert demnach die parlamentarische Mehrheit. Bundesregierung, Bundesrat und Bundestag können Gesetzentwürfe einbringen. Die Hauptaufgabe der Abgeordneten besteht darin, Gesetze zu verabschieden, die Regierung sorgt dafür, dass diese ausgeführt werden.

In der Europäischen Union, die eben kein Bundesstaat ist, sind die Spielregeln anders. Gleich drei Akteure sind an Gesetzen beteiligt, und es dauert oft Jahre, bis eine Richtlinie oder Verordnung tatsächlich in Kraft tritt. Deshalb kann man Lobbyismus in Brüssel mit einem Billardspiel über drei Banden vergleichen, die Möglichkeiten, eine Kugel zu versenken, sind vielfältig: Die Kommission schlägt Gesetze vor – darüber entscheiden (in einem inzwischen großen Teil der Fälle) das Parlament und der Rat. Den Lobbyisten bieten sich daher zahlreiche Angriffsflächen, um die Interessen ihrer Klienten durchzusetzen: vom Kommissionsbeamten über den Abgeordneten bis hin zu den Vertretern der Mitgliedstaaten – wenn ein Interessenvertreter es nicht geschafft hat, eine Verordnung innerhalb der Kommission zu stoppen, kann er einen erneuten Anlauf im Rat nehmen, in manchen Fällen sogar später bei der Umsetzung in nationales Recht einwirken.

Gewiefte Lobbyisten schrecken auch nicht davor zurück, nationale Behörden mit Falschinformationen zu versorgen. Ein Beispiel dafür ist die Verordnung über kindersichere Feuerzeuge. Sie wäre – nachdem sie alle Hürden in Brüssel genommen hatte – im Bundesrat fast gescheitert, weil Interessenvertreter genau wussten, wo sie ihre Waffen erfolgreich einsetzen mussten: in Bayern.

Die Feuerzeugverordnung trägt wie alle Brüsseler Paragrafen eine Nummer: 2006/502/EC. Sie schreibt vor, dass alle in Europa verkauften Billigfeuerzeuge «kindersicher» sein müssen, so wie es in den USA seit Langem Pflicht ist. Eine zusätzliche Konstruktion sorgt dafür, dass kleine Fingerchen das Rädchen am Feuerzeug nicht drehen können. Das kostet ein paar Cent mehr bei der Herstellung, ist aber sinnvoll. Schätzungsweise sterben in der EU immerhin jährlich 40 Kinder, weil sie mit Feuerzeugen gespielt haben, Dutzende tragen schwere Verbrennungen davon.

Trotzdem protestierte Bayern, als die Bundesländer im Herbst 2006 im Bundesrat die Verordnung, die in einem jahrelangen Diskussionsprozess mit den nationalen Fachleuten abgestimmt worden war, beschließen sollten. Das sei Überreglementierung, überbordende Bürokratie, schäumte Europaministerin Emilia Müller. Offenbar wirkte Müller so glaubwürdig, dass mehrere Bundesländer gegen die Verordnung stimmten.

Wie sich später herausstellte, hatte Müller auf Weisung ihres Ministerpräsidenten Edmund Stoiber gehandelt. Und der wiederum hatte von seinen Beamten den Floh ins Ohr gesetzt bekommen, die Feuerzeugverordnung sei nichts als ein Beispiel für Brüsseler Bürokratie, die Stoiber seit Jahren tapfer bekämpfte. Munitioniert worden waren die Leute aus der Staatskanzlei nachweislich von der «Vereinigung der Europäischen Importeure von Feuerzeugen» (Elias). Dieser Verband hatte sich im Jahr 2001 gegründet, kurz nachdem Europas Normungsinstitut die Vorschrift für kindersichere Wegwerffeuerzeuge entworfen hatte. Das einzige Ziel von Elias: die EU-Verordnung zu verhindern. Denn die Importeure von Billigfeuerzeugen aus Fernost scheuten die zusätzlichen Kosten der Tests, mit denen sie die Kindersicherheit belegen sollten. Sie verbreiteten die Mär, dass die Versuche – in den USA längst üblich – viel zu aufwendig seien.

Immerhin endet diese Geschichte gut: Verhindern konnten die Lobbyisten die Feuerzeugverordnung nämlich nicht. Diese ist verspätet, im Frühjahr 2008, dann doch in Kraft getreten. Aber sie haben es geschafft, zahllose Fachleute zusätzlich zu beschäftigen – und damit die Bürokratie anzukurbeln, die man ja eigentlich kritisierte.

Nun wäre es reichlich naiv zu glauben, Lobbying ließe sich verbieten. Das Vertreten von Interessen und das Verkaufen von Meinungen gehören inzwischen zweifelsohne zur Politik – schließlich agiert Politik nicht im luftleeren Raum. Es ist selbstverständlich und bis zu einem gewissen Grad durchaus legitim, dass Unternehmen, Bürgerinitiativen oder Berufsverbände versuchen, Einfluss auf jene zu nehmen, die die Gesetze machen. Auch die Wirtschaft ist ein Teil der Gesellschaft, Unternehmen schaffen schließlich Jobs und dienen nicht nur der privaten Bereicherung von Aktionären und Managern, sondern auch den Arbeitnehmern. Und Umweltgruppen wie Greenpeace, Patientenverbände oder Verbraucherschutzorganisationen sind auch Lobbys, weil sie Interessen vertreten.

«Interessenvertretung ist nicht per se schlecht», sagt auch Ulrich Müller von LobbyControl, einer Organisation mit Sitz in Köln, die Informationen über die PR-Arbeit in Brüssel sammelt.

Doch in Brüssel scheint der Lobbyismus der öffentlichen Kontrolle entglitten zu sein, zumal es keine europäischen Zeitungen, Radiosender und Fernsehstationen gibt, welche der Brüsseler Politkaste auf die Finger schaut. Allein die schiere Zahl der Lobbyisten in der EU-Hauptstadt macht es schwierig, ihre Arbeit zu verfolgen. Ihre Einflusswege sind zu undurchsichtig und die Macht der Vertreter von Firmen zudem ungleich größer als die der Nichtregierungsorganisationen, die das öffentliche Interesse im Blick haben. Und vor allem: Kommission und Parlament haben bislang das Treiben der Interessenvertreter kaum kontrolliert.

«Ein großes Problem liegt in der Ungleichheit der Waffen, in der Asymmetrie des Lobbyings», beklagt Jos Dings. Er ist Chef von «Transport and Environment», der bereits erwähnten Brüsseler Gruppe, die für einen umweltfreundlicheren Verkehr kämpft. Die großen Konzerne hätten einfach mehr Mittel als seine kleine Organisation, sagt Dings. Zum Beweis zieht er eine druckfrische Ausgabe der britischen Zeitschrift Economist hervor und schlägt eine ganzseitige Anzeige auf. Sie stammt von Abengoa, einem großen spanischen Multi, der Bioethanol produziert. Es ist gerade die Zeit, als über Biosprit heftig diskutiert wird, und in seiner Anzeige wirbt Abengoa für alternative Treibstoffe. Die Firma zitiert dabei aus einer Studie von Transport & Environment: «Bioethanol, die einzige Alternative, um die Abhängigkeit vom Öl zu verringern». «Eine freche Verdrehung der Tatsachen», erregt Jos Dings sich. Tatsächlich steht Transport & Environment dem Biosprit höchst kritisch gegenüber. Doch angesichts einer solchen Kampagne eines Konzerns ist die kleine Truppe machtlos.

Jos Dings und seine Mitstreiter arbeiten in der Rue de la Pépinière, einer Seitenstraße des prächtigen Boulevard Waterloo. Ihre Schreibtische stehen in der 5. Etage eines bescheidenen Gebäudes, aus dem engen Fahrstuhl stolpert man in das karg eingerichtete Großraumbüro. Für Besucher gibt es Nescafé mit Milchpulver. Reichtümer, das ist offensichtlich, werden hier nicht angehäuft. Transport & Environment erhält zwar ein Viertel seines Budgets aus den Kassen der Kommission, die – um dem Vorwurf der Unausgewogenheit entgegenzutreten – seit ein paar Jahren die Brüsseler Bürgerinitiativen unterstützt. Lobbys, die sich für die

Belange von Umwelt und für das Gemeinwohl einsetzen, erhalten Aufträge von der Kommission und werden gelegentlich auch als Experten bei runden Tischen der Kommission oder im Parlament gehört. Die Übermacht der großen Konzerne ist damit aber kaum zu brechen.

Gleich um die Ecke, auf dem Boulevard Waterloo, residiert der deutsche Autobauer BMW – und der Kontrast zu Transport & Environment könnte größer nicht sein. Beim traditionellen Sommerempfang haben Brüssels Societydamen, Kommissionsbeamte und andere der bayerischen Traditionsmarke Zugetane die Gelegenheit, die prunkvollen Räume der herrschaftlichen Stadtvilla zu bewundern. Bei Sushi, Cocktails und dezenter Klaviermusik wird geplaudert, man tauscht Informationen aus. Gastgeber Werner Rothfuß, ein sympathischer Herr Mitte 50, schwirrt umher und schüttelt Hände. Als Lobbyist sieht er sich nicht. Das Wort möge er gar nicht, er sei vielmehr ein «stakeholder», ein Akteur also. Ein anderer Mann, der für Coca-Cola arbeitet, bezeichnet den Lobbyismus als «professionelle Kommunikation». Akteur, Kommunikator – das hört sich natürlich besser an. In Brüssel pflegt man gerne das Bild des guten Lobbyisten, der seine Karten offen auf den Tisch legt. Der nichts zu verbergen hat und seine Interessen mitteilt.

Für seine Interessen kämpft der Autobauer BMW dennoch hartnäckig, wie das Gezerre um Biosprit und um den Kohlendioxidausstoß von Fahrzeugen gezeigt hat. Überhaupt zählt die Autoindustrie zu den mächtigsten Lobbys in Brüssel. Mit mehr als 80 Mitarbeitern bildet Europas Dachverband der Autokonstrukteure ACEA die größte Interessenvertretung in der belgischen Hauptstadt. Und sie ist, wie das Beispiel Biosprit zeigt, sehr einflussreich. Für die Gruppen, die den Lobbys auf die Finger schauen, zählen die Autobauer jedenfalls zu den hartnäckigsten und schmuddeligen Interessenvertreter. So schmuddelig, dass man sie für die zweifelhafte Auszeichnung «Worst Lobby Award» nominiert hat. Den Preis ruft LobbyControl gemeinsam mit anderen Gruppen wie dem Amsterdamer Corporate Europe Observatory für «manipulative, irreführende oder andere problematische Lobbypraktiken» aus. Im Herbst 2008 waren gleich die drei deutschen Automobilhersteller BMW, DaimlerChrysler und Porsche wegen ihrer «aggressiven Panikmache» gegen die Begrenzung der CO_2-Werte in der EU nominiert.

Bei Daimler oder Coca-Cola weiß man zumindest, welche Interessen sie verfolgen. Problematischer als die eindeutigen Ziele von Unternehmen sind manipulative Methoden und fehlende Transparenz. Für Außenstehende ist inzwischen oft nicht mehr zu durchschauen, wer mit wessen Geld für welche Ziele kämpft. Im Brüsseler EU-Viertel reihen sich denn auch unzählige Beratungsunternehmen, PR-Agenturen und Rechtsanwaltskanzleien aneinander – und nur bei sehr wenigen lässt sich allein vom Namen auf die eigentlichen Interessen schließen.

Eine davon ist die Firma Cabinet Stewart, die seit einer Fusion im Frühjahr 2008 Interel Cabinet Stewart European Affairs heißt. Die PR-Firma vertritt in Brüssel die Interessen des «American Council for Capital Formation» (ACCF), das gegen Gesetze für eine Reduzierung von Treibhausgasen kämpft und größtenteils vom Ölgiganten Exxon Mobil finanziert wird. Über seinen Ableger ICCF versucht ACCF, die Zweifel an der menschengemachten Klimaerwärmung auch in Europa zu verbreiten.

ICCF, das auf seiner Internetseite Papiere über die Kosten des Kyoto-Protokolls verbreitet, beschreibt sich selbst als «einzigartigen europäischen Thinktank» mit Hauptsitz neben dem Europaparlament in Brüssel. Tatsächlich haben die Büros die Dimension eines Briefkastens im fünften Stock eines Bürogebäudes, wie die Organisation «Worst Lobby Award» herausfand. Das Brüsseler ICCF-Büro war in Wirklichkeit identisch mit Cabinet Stewart: Anrufe landeten beim stellvertretenden Direktor der PR-Firma. Deren Mitarbeiter organisierten für das ICCF Workshops über Klimapolitik im Europäischen Parlament.

Von Verschleierung versteht auch die Brüsseler Niederlassung der internationalen Lobbyagentur Weber Shandwick offenbar eine Menge. Sie rief eine angeblich gemeinnützige Kampagne gegen Krebs «Cancer United» ins Leben, für die sogar Politiker warben. Tatsächlich aber diente der Feldzug nur dazu, die Interessen der Pharmafirma Roche durchzusetzen, wie die britische Zeitung Guardian recherchierte. Roche war alleiniger Financier der Kampagne, die unter dem Deckmantel des Patientenwohls die Geschäfte des Pharmakonzerns ankurbeln sollte.

Wie Unternehmen bei EU-Gesetzen mitreden, belegt die im Frühjahr 2008 erschienene Studie «Secrecy and corporate dominance» (Geheimhaltung und Einfluss der Firmen). Es ist der Versuch, den Einfluss der Industrie und sonstiger Lobbys auf die europäische Gesetzgebung in Zahlen zu fassen. Das Papier stammt von der «Allianz für Transparenz im Lobbying und für ethische Regeln in der EU» (Alter-EU), einer Koaliton von mehr als 160 Nichtregierungsorganisationen, Gewerkschaften, Forschern und PR-Firmen, die sich für eine stärkere Kontrolle des Lobbyismus in der Politik engagiert. An der Studie mitgearbeitet haben Fachleute der bereits erwähnten Bürgerinitiativen LobbyControl und des Corporate Europe Observatory.

Die Kommission lässt sich von zahlreichen Expertengruppen beraten, die Gesetzesvorhaben von Anfang an begleiten. Die Mitglieder dieser Gruppen schreiben Arbeitspapiere, Grün- und Weißbücher für die Kommission. Ihr Einfluss ist enorm, heißt es in der Studie, denn ihre Vorschläge bilden häufig das Rückgrat neuer EU-Gesetze in heiklen Politikfeldern wie der Energieversorgung, des Klimawandels oder der Chemikalienkontrolle. Trotzdem ist bisher über die Expertengruppen wenig bekannt, sie agieren weitgehend im Verborgenen. Das schockierende Ergebnis der Studie: Zwei Drittel der Expertengruppen sind so zusammengesetzt, dass die Industrieinteressen dominieren. «Unausgewogen und intransparent», nennt Alter-EU die Politik der Kommission.

Zwar existiert seit 2005 ein Register, in dem die Kommission 1200 Beratergruppen auflistet. Doch weder ist diese Liste vollständig, noch sind die einzelnen Mitglieder namentlich mit ihrer Funktion genannt. Bei Alter-EU geht man davon aus, dass die Kommission weitaus mehr Expertenrunden beschäftigt, als sie zugibt. Seit dem Jahr 2000, so eine Schätzung, ist die Zahl der inoffiziellen Gremien um 40 Prozent gestiegen, mehr als 50 000 Experten sollen inzwischen die Kommission beraten.

Für die Studie hat Alter-EU 44 Gruppen ausgewählt, welche die Kommission in Fragen der Umwelt, Energie, Landwirtschaft, Biotechnologie und Verbraucher beraten, und deren Zusammensetzung erfragt. Schon das erwies sich als große Hürde. Obwohl die Kommission zur Auskunft verpflichtet ist (das schreibt die Direktive 1049/2001 über den Zugang zu Dokumenten vor), wollte sie die Namen der Mitglieder von einem Drittel der Expertenrunden nicht preisgeben – «mit fadenscheinigen Gründen», heißt es in der Studie. Auch die Herausgabe von Protokollen von Sitzungen verweigerte man teilweise – mal aus «Sicherheitsgründen», mal weil es «legitime kommerzielle Interessen von beteiligten Unternehmen gefährden» würde. Klarer kann ein Bekenntnis wohl kaum ausfallen, wie groß der Einfluss der Wirtschaft in der EU-Politik ist.

Die Bilanz, die Alter-EU aufgrund der mühsam gewonnenen Informationen zieht: Etwa ein Viertel der untersuchten Gremien sind zur Hälfte mit Beratern aus Unternehmen besetzt – womit der Einfluss der Industrie dominiert, fürchtet die Watchdog-Organisation. In zwei Dritteln der Gruppen sind Wirtschaftsinteressen überrepräsentiert, denn die Unternehmensvertreter stellen mehr als die Hälfte derjenigen Mitglieder, die weder von der Kommission noch von Nationalstaaten kommen. Nur ein Drittel der Gremien kann man tatsächlich ausgewogen nennen. Mit neutraler Expertise hat das nichts mehr zu tun. Ein «gravierender Mangel an Transparenz» bei Entscheidungsprozessen innerhalb der EU, lautet das Fazit der Studie, die Geheimniskrämerei der Kommission sei besorgniserregend. Alter-EU fordert deshalb, dass alle Expertengruppen ihre Mitglieder sowie die wichtigen Dokumente veröffentlichen müssen. Alle Gremien, in denen Industrievertreter dominieren, sollten aufgelöst werden. Wenn neue Gremien berufen werden, müsse die Auswahl der Mitglieder transparent und ausgewogen sein.

Für Ende 2008 hatte die Kommission versprochen, die Namen und Jobs ihrer Berater öffentlich zu machen. Es wurde auch Zeit. Denn Kommissionspräsident Barroso und seine Mannschaft waren im Jahr 2005 vollmundig mit einer «Europäischen Transparenz-Initiative» angetreten. Diese Initiative soll eines der ganz wichtigen «strategischen Ziele» der EU sein, wie Verwaltungskommissar Siim Kallas im Internet wirbt. Man wird sehen, wie rasch sich der Nebel um die Politik der Kommission auflösen wird.

Bisher hat noch jede Kommission viel versprochen und wenig gehalten. Barrosos Vorgänger Jacques Santer brauchte vier Jahre, bis er das Telefonbuch der Kommission veröffentlichte – auf Drängen des euroskeptischen dänischen Abgeordneten Jens-Peter Bonde. Auch Santers Nachfolger Romano Prodi weigerte sich vier Jahre lang, den Terminkalender der Kommissare ins Netz zu stellen.

Hartnäckigen Abgeordneten wie Bonde ist es zu verdanken, dass immerhin das Parlament strengere Regeln für den Umgang mit Lobbyisten beschlossen hat. Diese müssen sich bisher nur registrieren, wenn sie Zugang zu den Parlamentsgebäuden haben wollen. Doch wer einmal einen Ausweis für das Parlament hat, kann dort ein- und ausgehen, wie es ihm beliebt. Etwa 5000 Lobbyisten besitzen ein solches Dokument.

Im Frühjahr 2008 haben sich die Abgeordneten dazu durchgerungen, die Regeln zu verschärfen. Nun müssen Lobbyisten nicht mehr nur ihren Namen angeben und ein polizeiliches Führungszeugnis vorlegen, sondern auch preisgeben, für wen sie arbeiten, woher sie Geld erhalten und wie viel. Und sie müssen einen Verhaltenskodex unterschreiben, der sie verpflichtet, alles offenzulegen. Verstößt ein Lobbyist gegen diese Regeln, kann das Parlament ihn aus dem Register streichen und ihm den Zugang zu seinen Gebäuden verwehren.

Wichtig ist auch die neue Regel, wonach Berichterstatter für einen bestimmten Gesetzentwurf eine «legislative Fußspur» legen können: Wenn sie es für notwendig halten, sollen die Abgeordneten zusammen mit ihrem Bericht eine Liste der Interessenvertreter veröffentlichen, die vom Parlament konsultiert wurden und die Einfluss auf das geplante Gesetz genommen haben. Damit soll die Öffentlichkeit lückenlos nachvollziehen können, welche Lobbys am Gesetzgebungsprozess mitgewirkt haben.

Diese Regel ist allerdings nicht verpflichtend, und es bleiben weitere Schlupflöcher. Konservative und liberale Abgeordnete haben gemeinsam verhindert, dass die «Rechtsberatung» von Anwälten in das Transparenzregister des Parlaments aufgenommen werden muss. Das heißt: PR-Agenturen wie das bereits genannte Cabinet Stewart, das im Auftrag der US-Industrie Stimmung gegen EU-Klimagesetze macht, müssen nicht Auskunft über ihre Klienten geben. Die Lobbytätigkeiten von Anwälten dürften deshalb weiter im Verborgenen bleiben. Kanzleien werben bereits damit, dass deshalb Lobbying durch Anwälte besonders wirkungsvoll sei.

Der Appell des Parlaments, dass die verschärften Lobbyistenregeln auch für Kommission und Europäischen Rat gelten sollten, sind bislang weitgehend verhallt. Denn die Kommission setzt weiterhin auf ihr Ende Juni 2008 eröffnetes freiwilliges Register, obwohl die Erfahrungen aus den USA zeigen, wie nützlich die verpflichtende Offenlegung von Geschäften ist. Der republikanische Toplobbyist und Geschäftsmann Jack Abramoff hatte mehrere Abgeordnete mit Tausenden von Dollars bestochen, um Vorteile für seine Auftraggeber zu erreichen. Er bekannte sich schuldig und wurde zu vier Jahren Gefängnis verurteilt. Ohne den «Lobbying Disclosure Act» wäre es wohl nicht gelungen, Abramoff zu verurteilen: Dieses US-Gesetz regelt, was offengelegt werden muss, um Intransparenz und Gemauschel zu vermeiden: Auftraggeber, Schwerpunkte der Arbeit, Honorare und Ausgaben.

Noch 2005, beim Startschuss der Europäischen Transparenzinitiative, hatte Verwaltungskommissar Siim Kallas erklärt, dass die Bürger ein Recht hätten zu wissen, wer die Lobbyisten seien, was sie machten und wofür sie stünden. Damals kritisierte Kallas freiwillige Register als «nutzlos». Das hat er wohl heute vergessen. Aus den hochfliegenden Pläne der Kommission, mehr Licht in die dunklen Ecken der Brüsseler Politik zu bringen, ist nichts geworden. «Früher gab es überhaupt nichts», versucht Kallas heute Kritiker zu besänftigen, eine freiwillige Meldung sei doch schon ein großer Fortschritt. Überhaupt sei die Meldepflicht möglicherweise kontraproduktiv, dann müsse man nämlich Gesetze erlassen, um Verstöße zu ahnden und zu bestrafen – was eine genaue Definition des Lobbyings erfordere. Und der Druck innerhalb der Branche werde schon dafür sorgen, dass sich viele Lobbyisten anmeldeten, heißt es in der Kommission. In der Branche allerdings lächelt man eher über das freiwillige Verzeichnis. «Das bringt gar nichts», sagt ein Berater für Coca-Cola, das Register der Kommission sei «zahnlos».

Anfang September 2008, zwei Monate nach dem Startschuss des freiwilligen Kommissionsregisters, war die Bilanz denn auch ernüchternd: Gerade einmal 300 einzelne Lobbyisten, PR-Firmen oder Organisationen listete das Verzeichnis auf. Das fand selbst die Kommission dann doch zu bescheiden: Siim Kallas gestand, dass die Zahl «unbefriedigend» sei. Eingetragen hatten sich 126 Handelsorganisationen und 56 Nichtregierungsgruppen – keine der großen Lobbyfirmen und PR-Agenturen hielten es für nötig, sich zu melden. Dabei hatte EPACA, der Europäische Verband der PR-Agenturen, seinen Mitgliedern geraten, sich zu registrieren.

Auch Alter-EU, die Organisation, die sich für mehr Transparenz einsetzt, beklagt, dass zu wenige große Unternehmen registriert seien. Zudem herrscht wohl Verwirrung darüber, welche Ausgaben eigentlich dem Lobbying zuzurechnen sind und welche nicht. Anders ist wohl kaum zu erklären, dass die spanische Telekomfirma Telefonica ihre Brüsseler Lobbyausgaben für das Jahr 2007 mit 950 000 Euro beziffert, während Frankreichs Autobauer Renault im selben Zeitraum nur zwischen 200 000 und 250 000 Euro ausgegeben haben will oder der Luftfahrtkonzern Air France-KLM mit weniger als 100 000 Euro auskam.

Für die Aktivisten von Alter-EU ist das einmal mehr der Beweis, dass das Lobbyverzeichnis der Kommission von geringem Nutzen ist, wenn es denn überhaupt etwas bringt. «Schwach und unausgewogen», nennt es Ulrich Müller von LobbyControl. Ein Register, das nicht die Namen der einzelnen Lobbyisten nennt, sei wie ein Telefonbuch ohne Nummern, kritisiert Jorgo Riss von Alter-EU. Ein Konzern, der seine PR-Aktivitäten kaschieren will, kann das ohne Weiteres tun, indem er einen Lobbyisten engagiert, der sich nicht ins Verzeichnis eingetragen hat. Solange die PR-Firmen oder Unternehmen keine Namen nennen, lassen sich Interessenkonflikte verbergen, zum Beispiel wenn etwa Berater der EU-Kommission zugleich als Lobbyisten arbeiten. «Revolving doors», heißt das im Brüsseler Jargon, die Methode der Drehtür, in die man als Politiker oder unabhängiger Berater eintritt und als Lobbyist herauskommt – oder umgekehrt.

Über einen solchen Fall berichtete die Wochenzeitung Die Zeit: David Earnshaw, Direktor der PR-Firma Burson-Marsteller, die mit ihrer besonderen Expertise im Gesundheitsbereich wirbt, wurde vom EU-Parlament zum Berater des Umwelt- und Gesundheitsausschusses ernannt. Als «unabhängiger» Experte schrieb er Studien zu besonders sensiblen Themen, zum Beispiel über Stammzellforschung. Seine Papiere wurden vom Parlament bezahlt und den Abgeordneten als neutrale Fachinformation geschickt. Dabei hatte er massiv für neue Behandlungsmethoden geworben, die er als lebensrettend bezeichnete.

Ebenso bedenklich ist, wenn hohe Beamte oder Diplomaten die Seiten wechseln, wenn sie ihren Job aufgeben oder in Pension gehen. Als besonders krasser Fall galt der Deutsche Martin Bangemann, der als Kommissar für Industriepolitik und Telekommunikation zuständig war und 1999 nahtlos den Job wechselte, um für die spanische Telefongesellschaft Telefonica zu arbeiten. Dass der langjährige, weithin respektierte deutsche Botschafter in Brüssel, Wilhelm Schönfelder, nur wenige Wochen nach seiner Verabschiedung in den Ruhestand 2007 bei Siemens anheuerte, hat selbst Brüsseler Insider überrascht. «Das ist nicht in Ordnung», sagt Ulrich Müller von LobbyControl. Er befürchtet, dass Exbeamte und Politiker Insiderwissen mitnehmen, das für Konzerne höchst nützlich ist. Zudem könne die Aussicht auf lukrative Beraterjobs nach der Pensionierung Entscheidungen beeinflussen, fürchtet Müller. LobbyControl verlangt daher eine «Abkühlphase», eine möglichst zweijährige Karenzzeit, während der Exbeamte und Politiker ihr Wissen nicht auf den Markt tragen dürfen.

Gerade weil die EU nach komplizierteren Regeln funktioniert als ein Nationalstaat, braucht sie mehr Transparenz. Dazu gehört ein gemeinsames, verpflichtendes Lobbyregister von Kommission, Parlament und Rat. Wer in Brüssel beraten, mitdiskutieren und mitentscheiden will, muss sich eintragen, und zwar namentlich. Er sollte seine finanziellen Interessen offenlegen und seine Kunden nennen müssen, so wie es auch in den USA üblich ist. Wenn eine Richtlinie oder Verordnung entsteht, sollte in jedem Schritt des Gesetzgebungsverfahrens nachvollziehbar sein, wer Einfluss genommen hat. Einflüsterung durch die Hintertür untergräbt die Demokratie.

Lobbying ist durchaus legitim, wenn die Einflussnahme nach klaren Spielregeln verläuft. Wenn Bürger aber das Gefühl haben, dass in Brüssel Politik im Halbdunkeln gemacht wird und dass Konzerne sich Einfluss erkaufen können, dann geht das Vertrauen in die Politik verloren. Und Vertrauen ist ohnehin Mangelware in der EU.

Kapitel 7
Wo die Korruption blüht

Es gibt das eine Brüssel, das gute. Dort sitzen fleißige Menschen und verwalten die Europäische Union. Sie arbeiten hart und befolgen einen strengen Verhaltenskodex. Nie würden sie sich von Interessenvertretern zum Essen in eines der vielen schicken Sternerestaurants der belgischen Hauptstadt einladen lassen. Auch die Abgeordneten schuften für Europas Bürger und sind über jeden Zweifel erhaben.

Es gibt aber auch das andere Brüssel, das mit den dunklen Seiten. Arrogante, überbezahlte Beamte entwerfen ständig neue Vorschriften, mit denen sie den Menschen das Leben schwer machen. Sie sind es, welche die Politik der Kommission bestimmen, denn immerhin 24 000 der insgesamt 34 000 Kommissionsmitarbeiter haben ihren Job auf Lebenszeit – im Gegensatz zu den Kommissaren, die immer nur ein paar Jahre in Brüssel verbringen. Sie werden häufig in der Gesellschaft von Industrielobbyisten gesehen und zögern nicht, sich ihren Monatslohn aufbessern zu lassen. Die gut bezahlten Parlamentarier kassieren hohe Gehälter und saftige Pauschalen für Mitarbeiter, von denen sie gerne auch mal einen Teil in die eigene Kasse abzweigen.

Das gute Brüssel ist, selbstredend, die Selbstwahrnehmung der politischen Kaste. Europas Bürger hingegen würden im Zweifel wohl eher das Bild des schlechten Brüssel zeichnen. Sind das alles nur Vorurteile und Verleumdungen? Oder haben Europas Beamte und Abgeordnete tatsächlich die Bodenhaftung und das Gefühl für Ehrlichkeit verloren? Das Problem, und das soll dieses Kapitel zeigen, liegt weniger darin, dass EU-Beamte und -Politiker korrupter sind als andere. Vielmehr geht ihnen oft das Gespür dafür ab, wie wichtig ihr Image ist. Sie müssen, mehr noch als nationale Politiker, absolut integer sein, weil jeder Betrugsfall die Unzufriedenheit mit Europa noch ein wenig weiter nach oben treibt.

Denn Brüssel empfinden viele Menschen als undurchschaubares politisches Konstrukt mit kaum nachvollziehbaren Entscheidungswegen. In Brüssel werden zudem Milliarden von Euro verwaltet und verteilt – das könnte, so das Vorurteil, für viele verführerisch wirken. Dabei wird, wie in den Kapiteln über die Finanzen beschrieben, der Löwenanteil des EU-Jahresbudgets von etwa 130 Milliarden Euro gar nicht von der Kommission ausgegeben, sondern von den Mitgliedstaaten: 80 Prozent des Etats sind Landwirtschafts- und Strukturmittel. Acht von zehn Euro fließen vor Ort – als Subventionen für Bauern in Polen, in italienische Brücken oder slowenische Autobahnen. Deshalb passieren die meisten Betrugsfälle auch gar nicht in Brüssel, sondern in den Mitgliedstaaten. Trotzdem halten viele Bürger die Kommission für verantwortlich, wenn EU-Geld verschwindet.

Korruption in Politik und Verwaltung ist ein schwieriges Thema. Politiker und Beamte sollen sich tadellos verhalten, schließlich bekommen sie ihr Gehalt aus der Steuerkasse überwiesen. Und weil das so ist, stehen sie immer unter Verdacht, sie könnten sich auf Kosten der Allgemeinheit bereichern. Je undurchsichtiger die Strukturen, umso größer das Misstrauen und natürlich auch die Möglichkeiten zu betrügen: Weil die Entscheidungsprozesse in der Europäischen Union so kompliziert sind, die Strukturen unklar und die Transparenz fehlt, ist das Vertrauen in die Beteiligten eher gering.

Brüssel und Korruption, diese Wortpaarung provoziert jedenfalls Kommentare, die für die EU-Verwaltung wenig schmeichelhaft sind – nach dem Motto: Die sind doch alle korrupt in Brüssel. Die frühere französische Kommissarin Edith Cresson, die ihrem

Zahnarzt einen Beratervertrag zuschusterte, steht jedenfalls noch heute stellvertretend für die politische Kaste. Im Grunde begann Europas Glaubwürdigkeitskrise zu einem Gutteil mit dem Fall Cresson – und dem Rücktritt der Kommission von Jacques Santer. In dieser dramatischen Affäre, die Europa fast ein Jahr lang beschäftigte, sehen viele noch heute einen einschneidenden Vorgang in der Geschichte der Gemeinschaft.

Im Dezember 1998 hatte Paul van Buitenen, ein Buchhalter in der Haushaltsabteilung der Kommission, dem Parlament ein Dossier von mehr als 100 Seiten mit zahlreichen Belegen für Fehlverhalten in der Kommission überreicht. Schon zuvor hatten Geschichten über Korruption und Misswirtschaft im Beamtenapparat die Runde durch Brüssel gemacht. Van Buitenen legte nun Beweise dafür vor, dass es schwarze Kassen im Amt für humanitäre Hilfe ECHO gab, Unregelmäßigkeiten beim EU-Berufsbildungsprogramm Leonardo sowie Günstlingswirtschaft in der Forschungsabteilung. Insbesondere sollte Cresson einen befreundeten Zahnarzt als Berater für ein Antiaidsprogramm der Kommission eingestellt haben. Aufgrund der Vorwürfe entschloss sich das Parlament zum ersten Mal zu einem drastischen Schritt: Die Abgeordneten weigerten sich, die Kommission für den Haushalt 1996 zu entlasten.

Weil ein Amtsenthebungsverfahren des Parlaments zunächst scheiterte, einigten Abgeordnete und Kommission sich darauf, einen Ausschuss von fünf «Weisen» zu berufen, der die Vorwürfe untersuchen sollte. Drei Monate lang recherchierten die Weisen, und ihr Bericht vom 15. März 1999 schlug ein wie eine Bombe. Auf 144 Seiten hatte der Rat, wie er selbst formulierte, einen «traurigen Katalog von Nachlässigkeit und schlechter Verwaltung» zusammengetragen. So hatte Cressons Zahnarzt keinerlei Qualifikationen für den Posten als Berater vorzuweisen. Darüber hinaus war er häufig mit der Kommissarin auf öffentliche Kosten gereist, obwohl er in Brüssel bereits krankgemeldet war. Vorwürfe richteten sich auch gegen Emma Bonino, die für das ECHO-Programm zuständige Kommissarin, die 2,4 Millionen Euro aus dem Budget für Afrika und Bosnien falsch verwendet hatte. Schließlich nannte der Bericht zahlreiche Fälle von Günstlingswirtschaft – des

Schwagers, der Schwester oder der Freunde, die eingestellt wurden oder lukrative Verträge erhielten.

Zwar konnte keinem Kommissar persönlich Betrug oder Korruption nachgewiesen werden. Doch der Bericht stellte einen «Verlust der Kontrolle» der Kommission über den Verwaltungsapparat fest. Die Kommissare hätten ihre Verantwortung für die Bekämpfung von Betrug, Unregelmäßigkeiten und Missmanagement nicht ernst genug genommen. Viele der Fälle waren entstanden, weil die Kommission tatsächlich personell unterbesetzt war und Aufgaben delegiert hatte – ohne jedoch für die notwendige Kontrolle der beauftragten Firmen zu sorgen. «Es wird zunehmend schwierig, irgendjemanden zu finden, der überhaupt das geringste Gespür für Verantwortung hat», stellte der Bericht resigniert fest.

Nur Stunden nachdem das Papier erschienen war, kündigte Jacques Santer an, dass er und seine 19 Kollegen zurückgetreten seien. (Edith Cresson hatte sich geweigert, alleine zu demissionieren – deshalb musste das gesamte Team abdanken.) Mit dem schnellen Rücktritt sicherten sich die Kommissare drei weitere Monate Bezahlung sowie ein Übergangsgeld von drei Jahresgehältern, das ihnen im Falle einer Amtsenthebung entgangen wäre.

Der neue Kommissionspräsident Romano Prodi und sein Verwaltungskommissar Neil Kinnock versprachen «Null Toleranz» in Fällen von Misswirtschaft und Korruption. Wie ernst sie es damit meinten, darf man im Rückblick angesichts der Affäre um die EU-Statistikbehörde Eurostat anzweifeln. Der frühere Eurostat-Generaldirektor, Yves Franchet, steht im Verdacht, knapp eine Million Euro aus dem Budget in schwarze Kassen umgeleitet zu haben sowie mit Firmen zusammengearbeitet zu haben, die gegen EU-Regeln verstießen. Die Vorwürfe kamen 2003 auf, die Staatsanwaltschaft ermittelt noch immer.

Die Affäre ist deshalb besonders delikat, weil Eurostat nicht nur eine einfache Zahlenfabrik ist, sondern enormen Einfluss besitzt. Die Behörde mit 700 Mitarbeitern und einem Budget von 140 Millionen Euro stellt nämlich die Daten zusammen, welche die Grundlage für die Defizitberechnungen sind – und es damit der Kommission erlauben, gegen Mitgliedstaaten vorzugehen, welche die Stabilitätskriterien verletzt haben. Der Franzose Yves Franchet war bereits 1996 unter Beschuss geraten, weil er entschieden hatte, dass Frankreich 3,7 Milliarden Euro aus Pensionskassen der Telekom als Staatsausgaben deklarieren konnte. Damit schaffte Paris das Maastrichter Stabilitätskriterium und konnte der Eurozone beitreten.

Die Eurostat-Affäre war peinlich für Prodi und Kinnock, die ja nach dem Rücktritt der Santer-Kommission für mehr Sauberkeit in der Verwaltung sorgen sollten. Viele Experten waren und sind davon überzeugt, dass die Kommission von den Vorfällen innerhalb von Eurostat gewusst haben musste.

Immerhin, es gab auch Fortschritte. 1999 entstand aus Uclaf, der bis dahin machtlosen Betrugsbekämpfungsabteilung der Kommission, die Behörde Olaf (Office Européen de Lutte Anti Fraude, Europäisches Amt für Betrugsbekämpfung). Sie hat im Laufe der Jahre immer mehr Befugnisse erhalten. Davon handelt das nächste Kapitel. Auch das Verhältnis zwischen der Kommission und dem Beamtenapparat hat sich verändert. Es gelten heute klarere Regeln der Zuständigkeit, und ein Kommissar kann nicht mehr eigene Fehler auf seine Generaldirektoren schieben. Außerdem ist die zentrale Finanzverwaltung abgeschafft worden, und jede Dienststelle ist für ihre Ausgaben selbst verantwortlich. Der Kommissionspräsident hat mehr Macht bekommen: Er ist stärker verantwortlich für die Kommissare. Das heißt: Er kann Veto gegen die Kandidaten der Mitgliedstaaten einlegen und auch den Kommissaren Aufgaben aus ihrem Portfolio wegnehmen, wenn sie versagt haben. Die Blockadehaltung einer Madame Cresson wäre heute nicht mehr möglich.

Auch das Parlament hat mehr Macht erhalten und redet bei weitaus mehr Gesetzen mit als früher. Es kann Verträge ablehnen, ist stärker in die Haushaltsplanung eingebunden und kann Einspruch gegen einzelne Kommissare erheben. Der stramm konservative Italiener Rocco Buttiglione sollte 2004 Justizkommissar der neue Kommission unter José Manuel Barroso werden. Doch bei der Anhörung vor dem Parlament redete er sich um seinen Job, indem er Homosexuellen und Frauen bestimmte Rechte absprach. Buttiglione musste schließlich auf das Amt verzichten.

Ist demnach heute alles in Ordnung in Brüssel? Zunächst die amtlichen Zahlen. Nach dem neuesten, im Juli 2008 veröffentlichten Jahresbericht hat das Amt für Betrugsbekämpfung Olaf 2007 insgesamt 35 neue «interne» Untersuchungen eröffnet – das sind Fälle, welche EU-Einrichtungen selbst betreffen. Das ist ein deutlicher Zuwachs seit 2004 – damals wurden nur 20 interne Untersuchungen eröffnet. Bei einer Gesamtzahl von 210 neuen Betrugsangelegenheiten machen die 35 internen Fälle etwa ein Siebtel aus.

Insgesamt verfolgen Olaf-Mitarbeiter zurzeit 94 konkrete Vorwürfe von Betrug innerhalb von EU-Institutionen. Das Gros von 66 Fällen betrifft die Kommission, was kaum überrascht. Denn hier arbeiten die meisten Menschen, und es wird das meiste Geld umgesetzt. Ob tatsächlich in allen Fällen Betrüger am Werk waren, lässt sich erst nach Abschluss der Untersuchungen feststellen. Betrugsstatistiken sind wegen der Dunkelziffern ohnehin eine knifflige Sache. Eine niedrige Zahl von Fällen bedeutet nicht zwangsläufig, dass wenig betrogen wird, sondern unter Umständen nur, dass der Betrug nicht auffliegt oder nicht gemeldet wird.

Über laufende Untersuchungen darf Olaf keine Auskunft geben, nur über abgeschlossene. Der Olaf-Jahresbericht 2007 beschreibt zum Beispiel den Fall eines Brüsseler Beamten im Ruhestand. Der Herr gab als Wohnsitz nicht sein Heimatland, sondern einen anderen Mitgliedstaat an. Da die Lebenshaltungskosten dort höher waren, hatte er Anspruch auf fast 40 Prozent höhere Ruhestandsbezüge, als wenn er seinen Lebensabend in der Heimat verbracht hätte. Die Pensionskasse der Kommission schöpfte jedoch Verdacht und benachrichtigte Olaf. Als ein Mitarbeiter den angeblichen Wohnsitz aufsuchte, stellte sich heraus, dass der Beamte dort nie gelebt hatte. Er hatte den Hausbesitzer aber überredet, einen fiktiven Mietvertrag zu unterzeichnen. Man spürte den cleveren Pensionär schließlich in seinem Heimatland auf. Er musste den unrechtmäßig beanspruchten Teil seiner Pension zurückzahlen.

Pensionsschwindler, Mitarbeiter einer EU-Delegation, die klauen, bestechen und veruntreuen; der Leiter eines EU-Forschungszentrums, der sich durch gefälschte Arbeitszeitberichte und Urheberrechtsverletzungen knapp eine Million Euro erschwindelte; Kommissionsbeamte, die im Verdacht stehen, bei Ausschreibungen Bestechungsgelder von Firmen verlangt zu haben: Die internen Fälle, die Olaf bearbeitet, sind vielfältig. Bei nachgewiesenem Betrug übergibt Olaf an die Staatsanwaltschaft, und die Verdächtigen wandern, falls sie denn in Brüssel gefasst werden, ins dortige Untersuchungsgefängnis Forest.

Im Gefängnis Forest sitzt Fritz-Harald Wenig noch nicht, und vermutlich wird es für den mächtigen deutschen Generaldirektor nicht so weit kommen. Doch wenn die Vorwürfe gegen Wenig stimmen, dann ist sein Ruf ruiniert. Schlimmer noch: Die Affäre könnte wieder einmal dem Ansehen der Kommissionsbeamtenschaft schaden.

Teure Restaurants, Lobbyisten und Gespräche über Hunderttausende Euro an Honoraren: Der Fall Wenig hat all die Ingredienzien eines handfesten Korruptionsskandals. Die Geschichte beginnt im feinen Brüsseler Zwei-Sterne-Restaurant «Comme Chez Soi», das für seinen prächtigen Jugendstildekor bekannt ist. An einem Abend im März 2008 speiste Wenig dort mit zwei Lobbyisten, die ihn im Auftrag eines chinesischen Unternehmers aus Hongkong eingeladen hatten. Der 62-jährige Jurist war unter Handelskommissar Peter Mandelson zuständig für Antidumpingverfahren. Das gab ihm die Macht, über Schutzzölle zu entscheiden, die für die Einfuhr bestimmter Produkte in die Europäische Union anfallen. Für die beteiligten Firmen kann das Hunderte von Millionen Euro jährlich an zusätzlichen Kosten beziehungsweise Gewinnen bedeuten.

Hans-Harald Wenig kannte die Herren nicht, die ihn per E-Mail eingeladen hatten. Es hätte ihn vielleicht stutzig machen sollen, dass er auch von der Firma Tsinghi Ltd. niemals gehört hatte. In Wirklichkeit war Tsinghi ein fiktiver Name, und die Lobbyisten waren Reporter der Londoner Sunday Times, die undercover zum Thema Lobbyismus und Bestechlichkeit in Brüssel recherchierten. Ihre Ergebnisse, die sie auf Tonbändern festhielten, dokumentierten sie genüsslich in der Sonntagsausgabe der Times vom 7. September 2008. Nicht zufällig hatten sie versucht, über Wenig an Informationen über Bestechungsversuche heranzukommen. Denn es gab seit Langem Kritik an der Antidumpingpolitik der Kommission. Die damit betraute Abteilung soll geheimniskrämerisch agiert haben, man argwöhnte über nahe Verbindungen zwischen Kommissionsbeamten und jenen Firmen, die Schutzzölle zahlen mussten.

Im Fall von Tsinghi ging es darum, dass die Firma, ein Schuhproduzent, weniger Schutzzoll an die EU zahlen wollte. Zwar mussten alle anderen Konkurrenten auch die Abgabe leisten, doch eine Firma hatte es geschafft, einen Rabatt zu erwirken. Den wollte Tsinghi nun auch bekommen. Hans-Harald Wenig betonte zwar, er könne das nicht beeinflussen. Der Generaldirektor zeigte sich aber bereit, die Sache zu verfolgen und sich auch mit dem Tsinghi-Chef, Herrn Zhou Li Ping, zu treffen – im nicht minder teuren Restaurant «La Truffe Noire», das berühmt ist für seine Gerichte, die üppig mit dem kostbaren Pilz bestreut werden.

Beim zweiten Termin sprachen die Herren nicht mehr nur über billige Chinaschuhe, sondern auch über chinesische Kerzen, die inzwischen zu Dumpingpreisen den europäischen Markt überschwemmen und daher mit EU-Schutzzöllen belegt werden. Ping wollte auch für eine Kerzenfabrik günstigere Abgaben verhandeln. Man bot Wenig an, für Ping in Brüssel zu arbeiten – mit einem Jahresgehalt von 600 000 Euro. Immerhin war der Jurist schlau genug zu betonen, dass er solch einen Job offiziell nur nach seiner Pensionierung annehmen könne. Allerdings verstrickte er sich in eine Diskussion über eine mögliche Vorauszahlung von 100 000 Euro auf ein gesperrtes Konto, auf das er mit 65 Jahren zugreifen könnte. Zum Abschluss sagte Wenig, er wolle sich die Sache überlegen und werde sich melden.

Wenig meldete sich tatsächlich und verriet den Reportern, dass für die Kerzenschutzzölle eine Änderung geplant sei. Im August gab er dann die Namen jener Firmen preis, die vermutlich einen Rabatt erhalten würden. Bei einem dritten Treffen, diesmal speiste man im Luxusrestaurant «Villa Lorraine», zeigte Wenig sich bereit, weitere Insiderinformationen über geplante, noch streng geheime Änderungen bei den Regeln für Zölle auf Aluminiumfolie zu liefern. Er lästerte ebenfalls kräftig über seinen Chef Peter Mandelson, mit dem er längst über Kreuz lag. Mandelson, der inzwischen Wirtschaftsminister in London ist, war als Kommissar ein erklärter Befürworter des freien Handels, während Wenig sich immer für Schutzzölle starkgemacht hatte. Möglicherweise wollte der Generaldirektor sich für seine damals geplante Versetzung auf einen anderen Direktorenposten rächen. Denn abgesehen von den feinen Speisen hat Wenig keinen Cent für seine nützlichen Dienste erhalten.

Mit seinen Aussagen konfrontiert, bestand der Jurist darauf, nichts Illegales getan zu haben. Er betonte, viele Leute hätten Zugang zu den Informationen gehabt, die er den Reportern verriet. Genau das wird wohl Gegenstand der Olaf-Untersuchung sein. Nach dem jetzigen Stand der Dinge scheint es aber, als ob Wenig zumindest gegen den Kodex der Kommission verstoßen habe, wonach Mitarbeiter keine Informationen preisgeben dürfen, die nicht bereits veröffentlicht worden sind.

In Brüssel scheint insbesondere die Immobilienwirtschaft mit ihren enormen Umsätzen Betrüger geradezu magisch anzuziehen. Ob schlechte Bausubstanz, überhöhte Mieten oder überteuerte Sanierungen – die Liste der Skandale um Brüsseler, Luxemburger oder Straßburger Gebäude reißt nicht ab. Ein bauwirtschaftlicher Klüngel hat sich in Europas Metropolen eingenistet und sahnt ab.

Zuletzt gingen den Betrugsjägern von Olaf drei Italiener ins Netz. Der Kopf der Bande war Angelo T., Chef eines Dutzends Brüsseler Immobilienfirmen. Wenn er einen EU-Auftrag an Land gezogen hatte, zeigte er sich stets großzügig und ließ Geld springen oder bot Beamten seine Dienstleistungen an. Und Angelo erhielt ungewöhnlich viele Aufträge, um teure Sicherheitstechnik in Gebäuden der Kommission zu installieren. Bei ihren Recherchen stießen die Ermittler auf Giancarlo C., einen EU-Beamten, der bei der Kommission zuständig für die Auslandsniederlassungen war. C. war derjenige, der Büros mietete, sie einrichtete und Sicherheitsanlagen einbauen ließ. Dritter im Bunde war Sergio T., Mitarbeiter eines italienischen Europaabgeordneten.

Zu Sergios Aufgaben gehörte es, die Provisionen einzutreiben. Pech hatte er allerdings mit einem finnischen Unternehmer. Dieser hatte sich an der Ausschreibung für den Bau der neuen EU-Vertretung in Neu-Delhi beteiligt. Doch es gab Schwierigkeiten mit dem Grundstück. Sergio zwang den Finnen dennoch, eine Anzahlung für die versprochene Vermittlungsgebühr von 600 000 Euro zu leisten und bedrohte ihn nach Mafiamanier mit einem Messer, woraufhin der Bauunternehmer die EU-Betrugsbekämpfer informierte.

Drei Jahre lang ermittelten Olaf und die Brüsseler Staatsanwaltschaft. Ende März 2007 dann stürmten Beamte im Morgengrauen 30 Büros und Wohnungen in Belgien, Luxemburg, Frankreich und Italien, beschlagnahmten Berge von Papier und verhafteten die drei Italiener. Es gehe um Verträge von Dutzenden Millionen Euro über einen Zeitraum von mehr als zehn Jahren, hieß es bei der Staatsanwaltschaft, um «einen sehr großen Fall». Peinlich für die Kommission ist, dass sie, obwohl die Vorwürfe bereits bekannt waren, weitere EU-Aufträge an Angelos Firmen vergab, angeblich um die «geheimen Ermittlungen» nicht zu gefährden, wie die Kommission rechtfertigte. In dieser Zeit machte Angelo T. zum Beispiel Geschäfte mit dem Amt für Gebäude, Anlagen und Logistik (OIB). Allein im OIB gab es in jüngster Zeit in sieben Fällen den Verdacht auf Korruption.

Die Affäre ist beileibe nicht die einzige, immer wieder kam und kommt es zu groben Pannen an EU-Bauten. 2005 stellte die Antibetrugseinheit Olaf fest, dass bei der Renovierung des Hauptquartiers der Kommission geschlampt worden war. Das Berlaymont-Gebäude mit seinen 2000 Büros direkt am Rond Point Schuman mitten im Europaviertel musste geräumt werden und wurde jahrelang renoviert, nachdem Asbest gefunden worden war. Doch die zuständigen leitenden Kommissionsbeamten bis hoch zum Generaldirektor hatten nicht kontrolliert, ob der Sanierungsauftrag tatsächlich an die günstigsten Baufirmen vergeben wurde, kritisierten Olaf-Ermittler. Vermutlich 180 Millionen Euro mehr als nötig – insgesamt 1,4 Milliarden Euro – mussten die Steuerzahler für die Renovierung ausgeben, die sich zudem immer wieder durch Firmenpleiten, Korruptionsvorwürfe und Gerichtsverfahren verzögerte.

Im August 2008 stürzten 80 Quadratmeter der Decke im Plenarsaal des Straßburger Parlamentsgebäudes herab, glücklicherweise waren die Parlamentarier in den Ferien. Ob sich hinter dem Baufehler auch noch betrügerische Machenschaften verbergen, ist unklar. Die Straßburger Bauten aber haben immer wieder für Ärger gesorgt, nicht nur, weil der Wanderzirkus der Abgeordneten zwischen Brüssel und Straßburg enorm viel Zeit und im Jahr 200 Millionen Euro kostet. Sondern auch weil die Stadt im Verdacht steht, jahrelang überhöhte Mieten kassiert zu haben – bis die Parlamentarier 2007 die Gebäude schließlich kauften.

Vielleicht muss man sich nicht mehr über die vielen Bauskandale wundern, wenn man mit Ingeborg Gräßle gesprochen hat. Die konservative EU-Abgeordnete aus dem schwäbischen Heidenheim kennt sich als Mitglied des Haushaltskontrollausschusses mit Betrugsfällen aus. Ihr winziges Büro ist alles andere als repräsentativ, sondern sieht nach einer Menge Arbeit aus. Papiere stapeln sich auf dem Schreibtisch, der Rollkoffer steht stets griffbereit in der Ecke. Nur ein Sport-T-Shirt mit dem Aufdruck «SV Mergelstetten», das an die Wand gepinnt ist, bringt ein wenig Farbe in das Zimmer. Gräßle zieht von ganz unten aus einer Schublade einen großen Bogen Papier heraus, es sind zwei zusammengeklebte DIN-A-3-Blätter. «Meine Tapete», erklärt Gräßle und lacht. Große orangefarbene Vierecke, kleine orangefarbene Kreise sind daraufgemalt, sie symbolisieren Immobilienfirmen und wichtige Mitarbeiter. Viele bunte Linien durchkreuzen das Papier. «Wir haben uns die Arbeit gemacht, die Beziehungen zwischen all den Unternehmen aufzuzeichnen, die für die EU-Institutionen in Brüssel arbeiten.» In der Mitte des Geflechts laufen die Pfeile auf Richard Boomer zu, einen Brüsseler Immobilientycoon. Ein dichtes Netz von Interessen ist demnach in Brüssel gewachsen, es scheint, als ob eine Menge Firmen sich an der EU bereicherten.

Verflechtungen mögen in der Immobilienbranche nicht außergewöhnlich sein. Was Gräßle jedoch befremdlich findet: Ausgerechnet Richard Boomer dient nun Verwaltungskommissar Siim Kallas als Berater. Boomer soll Vorschläge machen, wie man die insgesamt 61 Gebäude der Kommission besser managen kann. «Dadurch konnte Boomer zahlreiche Marktinformationen über die Pläne der Kommission zusammentragen», kritisiert Gräßle.

Zu den größeren Betrugsfällen muss man auch die Vorkommnisse im Brüsseler «Zentrum für Unternehmensentwicklung» (CDE) rechnen. Das CDE ist eine Gemeinschaftseinrichtung der

EU und des Bundes Afrikanischer, Karibischer und Pazifischer Staaten ACP, die Unternehmen in Entwicklungsländern fördert. Jetzt steht das Zentrum im Verdacht, Mittel aus dem 18-Millionen-Euro-Jahresetat falsch verteilt zu haben. Der frühere Direktor Hamed Sow hat, wie Olaf ermittelte, seine eigenen Unternehmen oder die seiner Familie in Mali begünstigt. 3,7 Millionen Euro Kredite der Europäischen Investitionsbank wurden so unrechtmäßig verwendet. Damit sollte eine Baumwollfabrik hochgezogen werden. Sow ließ jedoch statt der neuen Maschinen uralte einkaufen, die nur einen Bruchteil der Summe wert waren. Zudem diente er der Firma als Berater und kassierte dafür ein Honorar von knapp 400 000 Euro.

Olaf reichte seine Untersuchungsergebnisse Ende 2007 an die französische Staatsanwaltschaft weiter, die die Kriminalpolizei einschaltete. Bevor Sow belangt werden konnte, verließ er seinen Posten in Brüssel, um als Politiker seinem «Land zu dienen», wie er seinen überstürzten Abschied aus der EU-Metropole nach Mali rechtfertigte. Jetzt ist er Energieminister in Bamako. Die Europäische Investitionsbank hat ihren Millionenkredit mittlerweile zurückgerufen. Doch ob die EU-Kommission ihre Zuschüsse in Höhe von 700 000 Euro an die Baumwollspinnerei zurückerhalten wird, ist unwahrscheinlich.

Die Behörde Eurostat, der Generaldirektor Wenig, die verpfuschten Bauten der Kommission oder das CDE: So ärgerlich jeder einzelne Fall ist, in der Summe lassen sie sicher nicht den Schluss zu, es handle sich bei der Kommission um eine durch und durch korrupte Verwaltung. Auch Kommissionspräsident Barroso handelte nicht korrupt, sondern nur unsensibel, als er im Sommer 2004 sich und seine Familie von dem befreundeten griechischen Reeder Spiro Latsis zum Yachturlaub einladen ließ. Vielleicht aber sollten Kommissare sich von Luxusschiffen besser fernhalten: Handelskommissar Peter Mandelson traf den russischen Oligarchen Oleg Deripaska auf dessen Yacht in der Nähe von Korfu. Dabei sprachen die beiden auch über Schutzzölle für russisches Holz, was Mandelson zunächst abstritt, dann aber auf Druck eines politischen Gegners zugeben musste. Auch Mandelson hat, so weit bekannt ist, nichts Unrechtes getan. Doch von einem Kommissar erwartet man etwas mehr Fingerspitzengefühl.

Der Schaden, der durch die beschriebenen Fälle von Misswirtschaft und Fehlverhalten entstanden ist, ist schwer zu bilanzieren. Er besteht nicht so sehr in einer Geldsumme, die aus der EU-Kasse verschwunden ist. Viel schwerer wiegt das angekratzte Image der europäischen Verwaltung, das nicht gerade zu einer positiven Europastimmung beiträgt. Zumal die Kommission häufig den Eindruck erweckt, dass sie Missstände nicht mit vollem Einsatz bekämpft. Wenn Kommissionsbeamte auf die Kontakte mit Lobbyisten setzen, weil sie «nirgendwo sonst so gute Informationen erhalten», wie ein Insider sagt, dann zeugt das nicht gerade von großem Gespür für eine transparente Politik. Und wenn Lobbyisten sogar als «Leihbeamte» in der Kommission arbeiten – eine ganz legale Praxis, bei der Wirtschaftsleute für ein paar Jahre in den Direktionen sitzen, angeblich, um den Beamten mit ihrem Sachverstand zu helfen –, dann darf man auch am Willen der Kommission zweifeln, möglichst unabhängig und sauber zu arbeiten. Verwaltungskommissar Siim Kallas, der doch angetreten war, um mehr Transparenz zu schaffen, scheint nicht immer seinem ursprünglichen Ziel treu zu sein. Jedenfalls mussten erst Bürgerinitiativen Druck machen, bevor Kallas im Frühjahr 2008 ankündigte, in Zukunft keine Leihbeamten mehr einstellen zu wollen.

Demut muss man vielleicht von einer EU-Regierung nicht erwarten. Doch auch die Art, wie die Kommission mit ihren Kritikern umgeht, belegt eine tief sitzende Arroganz. Kritiker, insbesondere «Whistleblower» – so heißen Informanten, die Missstände am Arbeitsplatz öffentlich machen –, sind zugegebenermaßen häufig schwer zu ertragen, weil sie oft mit hohem moralischen Anspruch und großer Hartnäckigkeit ihre Anliegen verfolgen. Trotzdem hätte die Kommission besser daran getan, Menschen wie Paul van Buitenen oder Marta Andreasen nicht kaltzustellen. Auch die Polizeiaktion gegen den Stern-Reporter Hans-Martin Tillack zeugt nicht von Souveränität einer starken Behörde gegenüber einem ihrer Kritiker.

Es war früh am Morgen, und Hans-Martin Tillack schlief noch, als es an seiner Wohnungstür klingelte. Sechs belgische Polizisten, so beschrieb es Tillack später, hielten ihm einen Durchsuchungsbefehl unter die Nase und machten sich an die Arbeit. Zehn Stunden lang durchkämmten sie seine Wohnung, nahmen Papiere, Festplatten, Kontoauszüge und Handys mit. Das war im März 2004, und Tillack wurde verdächtigt, einen Olaf-Mitarbeiter bestochen zu haben, um an einen geheimen Bericht der Betrugbekämpfungsbehörde zu kommen. Der Reporter hatte zuvor aus dem Papier zitiert. Tillack dagegen beschuldigte die Kommission, gegen ihn einen Rachefeldzug zu führen, weil er über Korruptionsfälle in der Behörde berichtet hatte.

Nach jahrelangem Rechtsstreit sprach der Europäische Gerichtshof für Menschenrechte Ende 2007 Tillack 10 000 Euro Schmerzensgeld zu. Die Begründung: Die belgische Polizei habe ohne ausreichenden Verdacht seine Wohn- und Arbeitsräume in Brüssel durchsucht – was einem massiven Verstoß gegen die Pressefreiheit gleichkam. Zudem wurde die Polizei verurteilt, Tillack seine beschlagnahmten Papiere zurückzugeben.

Auch Paul van Buitenen ist nicht dafür belohnt worden, dass er die Missstände in der Kommission von Jacques Santer aufdeckte. Der niederländische EU-Finanzkontrolleur wurde zunächst auf eine andere Stelle abgeschoben, bevor er selbst als Unabhängiger für das Parlament kandidierte und einen Sitz errang. Heute ist Van Buitenen verbittert und zutiefst misstrauisch. Er redet nicht gerne mit Journalisten. Bevor er überhaupt einen Termin vergibt, schickt er ein paar Fragen per Mail, um die Einstellung seines Gesprächspartners zu testen. Er selbst will nur im Sekretariat seines Büros im 8. Stock des Brüsseler Parlamentsgebäudes sprechen, damit seine Mitarbeiterin mitverfolgen kann, was er sagt.

Van Buitenen redet sich in Rage. Er wirft der Kommission Mauscheleien und Missmanagement vor. Die bisherigen Verwaltungsreformen seien bloß ein «Luftballon» gewesen. Die EU sei eine Bürokratie, keine Demokratie, sagt er. Nach wie vor würden in Brüssel Probleme und heikle Fälle vertuscht, schimpft van Buitenen.

Paul van Buitenen gehört zu der Spezies, die Mitmenschen mit ihrer selbstgerechten Art schnell auf die Nerven gehen. In einem Punkt aber hat er wohl recht: Whistleblower wie er werden nicht ernst genug genommen. Wer sich an die Öffentlichkeit wendet, um Missstände publik zu machen, riskiert immer noch, eher bestraft als belohnt zu werden. In Kommissionskreisen jedenfalls gilt van Buitenen als Nestbeschmutzer und Verräter, der am Ansehen der EU-Behörde gekratzt hat.

Auch Marta Andreasen musste schmerzhaft lernen, dass Kritik an der Kommission nicht gut ankommt, selbst wenn sie berechtigt ist. Die Spanierin war Chefbuchhalterin bei der Kommission und wagte es, öffentlich über die gravierenden Probleme mit dem hausinternen Computersystem zu sprechen. Sie wurde gefeuert – angeblich, weil sie nicht qualifiziert für den Posten war. Im Januar 2002 hatte Andreasen ihren Posten als Rechnungsführerin und Direktorin für die Haushaltsführung übernommen. Sie sollte die Finanzverwaltung modernisieren und war die Wunschkandidatin der grünen Haushaltskommissarin Michaele Schreyer gewesen, die Andreasen sogar gegen den Willen einiger ihrer hohen Beamten einstellte. Andreasen wurde bald klar, dass das Rechnungssystem «Sincom 2», mit dem der EU-Haushalt seit 1999 verwaltet wurde, fehlerhaft war. Es war so konzipiert, dass es Betrugsfälle nicht aufdeckte und es zudem sehr schwierig machte, Betrug zu verhindern. Daten konnten geändert werden, ohne dass dies eine elektronische Spur hinterlassen hätte, kritisierte Andreasen.

Ohne lange zu zögern, sprach Andreasen mit ihren Vorgesetzten. Sie informierte auch Kommissionspräsident Prodi und Verwaltungskommissar Kinnock über ihre Bedenken und machte Vorschläge, wie Sincom 2 sich verbessern ließe. Sie forderte eine unabhängige Prüfung. Und sie weigerte sich, die Haushaltsabrechnung von 2001 abzuzeichnen. Sie fühlte sich im Recht, schließlich hatte auch der EU-Rechnungshof seit Jahren wiederholt auf die Probleme hingewiesen. Den Prüfberichten zufolge funktionierte Sincom 2 nicht zuverlässig, weil ihm einige grundlegende Buchhaltungsfunktionen fehlten, die effektive Kontrollen möglich gemacht hätten. Das hatten die obersten Rechnungsprüfer in Luxemburg bereits 1999 kritisiert.

Doch anstatt Marta Andreasen für ihren Mut zu loben, eröffnete man ein Disziplinarverfahren gegen sie – und auch Michaele Schreyer ließ sie wie eine heiße Kartoffel fallen. Man wollte ihr noch nicht einmal den Status eines Whistleblowers zuerkennen, weil sie ohnehin bekannte Probleme öffentlich gemacht habe, hieß es. Tatsächlich kannte die Kommission die Schwierigkeiten mit dem Buchhaltungsprogramm. Sie scheute aber davor zurück, Sincom 2 zu verbessern oder ganz zu ersetzen, weil das sehr kompliziert und obendrein peinlich gewesen wäre. In Wirklichkeit nahm man Andreasen wohl die Fundamentalkritik übel. Die Prodi-Kommission wollte keine Patzer auf ihrem Sauberimage dulden.

Wer mit Abgeordneten über Lobbyismus spricht, bekommt oft wortgemäß zu hören: Das Parlament ist nicht anfällig gegenüber Lobbyismus, die Abgeordneten agierten schließlich in der Öffentlichkeit. Aber die Kommission, da müsse man mal aufräumen, heißt es dann. Kommissionsbeamte dagegen verweisen beim Thema Lobbyismus gerne auf Parlamentarier, die Beraterverträge mit der Industrie haben oder bei der Reisekostenabrechnung schummeln.

Gegenseitige Schuldzuweisungen sind nicht selten ein Zeichen dafür, dass man von eigenen Problemen ablenken will. Ganz so sauber, wie Abgeordnete glauben machen wollen, geht es im Parlament jedoch nicht zu.

Immer wieder haben Abgeordnete versucht, von den großzügigen Pauschalen für Büros, Reisekosten und Mitarbeiter einen Teil in die eigene Tasche abzuzweigen. So erhalten die Parlamentarier pauschal Flüge in der teuersten Economy-Klasse («Economy Flex») erstattet, ohne dass sie einen Beleg vorzeigen müssten. Wer clever bucht, könne mit einem Heimflug bis zu 2000 Euro verdienen, hat einmal die frühere finnische Grünen-Abgeordnete Heidi Hautala vorgerechnet. Gerechtfertigt wurde dieses System immer damit, dass die schlechter bezahlten Parlamentarier aus armen EU-Ländern so ihr Gehalt aufbessern könnten, eine merkwürdige Begründung.

Immerhin ist bald Schluss mit den pauschalen Reisekosten. Mit der neuen Legislaturperiode, die mit der Wahl zum Europaparlament 2009 beginnt, tritt auch ein neues Abgeordnetenstatut in Kraft. Es sieht vor, dass alle Parlamentarier ein Einheitsgehalt von 7000 Euro beziehen. Im Gegenzug müssen sie ihre Reisebelege einreichen.

Pauschale Vergütungen laden häufig zu Betrug ein, das gilt auch für die Mitarbeiterpauschale, die den Abgeordneten zusteht. Der italienische Sozialist Riccardo Nencini etwa zahlte einem Assistenten ein Monatsgehalt von 2200 Euro brutto. Zugleich kassierte Nencini insgesamt 8000 Euro vom Parlament, um eben jenen Mitarbeiter zu beschäftigen. Als der Assistent das erfuhr, wandte er sich an die Betrugsbekämpfungsbehörde Olaf.

Nencini, der inzwischen nicht mehr dem Parlament angehört, ist kein Einzelfall. Fünf konkrete Betrugsfälle im Zusammenhang mit Mitarbeiterpauschalen hat Olaf im Jahr 2002 untersucht. Auch der Europäische Rechnungshof beschäftigte sich wiederholt mit der Mitarbeiterpauschale. Insgesamt 135 Millionen Euro jährlich gibt die EU allein dafür aus. Bis zu 17 000 Euro monatlich – fast doppelt so viel wie noch vor zehn Jahren – erhält jeder Abgeordnete zusätzlich zu seinen Diäten, um Mitarbeiter im Brüsseler Büro oder im heimatlichen Wahlkreis zu beschäftigen. Das mag sinnvoll sein für all die fleißigen Abgeordneten, die schwierige Dossiers bearbeiten oder in wichtigen Ausschüssen sitzen. Haushaltsexpertin Ingeborg Grässle etwa beschäftigt einen Assistenten in Brüssel, einen Mitarbeiter im Wahlkreis und mehrere Praktikanten. Doch weil die Parlamentarier die Höhe der Gehälter nicht explizit ausweisen können, wird den Unehrlichen der Betrug regelrecht leicht gemacht. Zum Beispiel ist es möglich, eine Personalagentur mit den Abrechnungen zu beauftragen. Damit lässt sich Missbrauch vertuschen, etwa wenn man Geld in andere Kanäle lenkt, in die Kasse einer politischen Partei oder sogar in die eigene Tasche.

Das Parlament hat die Mitarbeiterpauschalen stichprobenartig geprüft. Doch der 92 Seiten dicke Bericht vom Januar 2008 liegt bislang unter Verschluss, nur die Mitglieder des Haushaltskontrollausschusses durften ihn lesen. Offenbar war es zu zahlreichen Regelverstößen gekommen wie fehlenden Belegen und überschrittenen Abrechnungsfristen, aber auch zu krassem Fehlverhalten: In einem Fall wurde ein Teil der Mitarbeiterpauschale auf das Konto einer Kindertagesstätte überwiesen, in einem anderen erhielt ein Mitarbeiter als Weihnachtspräsent annähernd das Zwanzigfache seines Monatsgehalts.

Warum eigentlich, fragt man sich, stimmten die Mitarbeiter des Haushaltskontrollausschusses dagegen, das Papier den anderen Parlamentariern zur Verfügung zu stellen, obwohl es (in einer entschärften Version) keine Namen nennt, keine Parteien, keine Nationalitäten? Wozu die Geheimniskrämerei? Darin besteht der eigentliche Skandal, weniger in der Tatsache, dass auch im Europaparlament Betrüger sitzen – die gibt es schließlich überall. Doch von Parlamentariern, die von den Steuerzahlern finanziert werden, erwartet man mehr Offenheit.

Vor den Kopf gestoßen fühlte sich auch EU-Ombudsmann Nikiforos Diamandouros. Der Grieche ist ein überzeugter Vertreter der Rechte der Bürger, an ihn kann sich jeder wenden, der sich von Europas Institutionen schlecht behandelt fühlt. Als Diamandouros von den Abgeordneten Informationen über Mitarbeitergehälter einholen wollte, stellten viele sich stur – mit dem Argument, das verletze die Privatsphäre.

Im Juni 2008 war es der britischen Presse dann schließlich gelungen, an den Geheimbericht über die Mitarbeiterpauschalen zu kommen. Ausgerechnet mehrere Mitglieder der Torys – einer Partei, die immer wieder gegen die EU stänkert – hatten Spesen falsch abgerechnet. Die Geschäftsführerin der konservativen Partei, Caroline Spelman, hatte aus ihrer Mitarbeiterpauschale jahrelang ihr Kindermädchen bezahlt. Zu ihrer Verteidigung behauptete Spelman, die Kinderfrau habe auch Telefonate entgegengenommen und Termine vereinbart, was diese prompt bestritt. Spelmans Parteifreund Sir Robert Atkins rechnete die Flugreise zur Hochzeit seines Sohnes in Amerika als Dienstreise ab. Der Grund: Er habe auch einen dienstlichen Termin in den Vereinigten Staaten wahrgenommen. Der Fraktionsvorsitzende der Konservativen, Giles Chichester, musste die Fraktionsführung aufgeben, nachdem bekannt geworden war, dass er einen Teil seiner Mitarbeiterpauschale an einen Familienbetrieb überwiesen hatte. Ein Trick, der unter konservativen Europaparlamentariern aus Großbritannien offenbar beliebt war: Auch Den Dover, inzwischen aus der Tory-Partei ausgeschlossen, hatte fast eine Million Euro für eine Firma abgezweigt, die seine Frau führte. Aus der Unternehmenskasse ließ Dover sich zwei BMW-Limousinen sowie die Renovierung seiner Villa zahlen. Dover musste 600 000 Euro an das Parlament zurückzahlen, zudem ermittelt Olaf gegen ihn.

Besonders frech zweigte der schottische Abgeordnete John Purvis Geld aufs eigene Konto ab: Er überwies jährlich 150 000 Euro aus seinem EU-Etat für Finanzdienstleistungen an die Firma Purvis & Co. Der Sitz des Unternehmens war sein Wohnort, aus der Firmenkasse genehmigte Purvis sich ein monatliches Gehalt. Sajjad Karim schließlich zahlte seiner Frau jährlich 32 000 Euro. Sie habe für ihn gearbeitet, rechtfertigte der erste muslimische EU-Abgeordnete – obwohl Frau Karim zugleich als Vollzeit-Grundschullehrerin im Nordwesten des Vereinigten Königreichs angestellt war.

Wer mit Ingo Friedrich über das Fehlverhalten von Abgeordneten spricht, bekommt beruhigende Worte zu hören. Der Umgang mit Lobbys, die Regeln für Reisekosten und Mitarbeiter – all das sei eben ein langwieriger Lernprozess, ist der Vorsitzende der CSU-Fraktion im Europaparlament überzeugt. Friedrich ist ein jovialer Mann, beim Gespräch legt er lässig ein Bein über die Lehne seines Sessels. Als Quaestor ist er zuständig für die Verwaltungsangelegenheiten des Parlaments, die Büros also, Besucherzahlen, neue Bars oder Beförderungen.

«Alles ist im Laufe der Jahre strenger geworden», sagt Friedrich. Zum Beispiel die Sache mit den Familienmitgliedern. Spätestens seitdem die frühere Parlamentspräsidentin Nicole Fontaine 1999 ihre Tochter als Mitarbeiterin eingestellt hatte, wurde darüber diskutiert. Die deutschen Abgeordneten haben bereits 2006 freiwillig darauf verzichtet, Ehefrauen, Söhne oder Tanten zu beschäftigen. Die neuen Regeln für Mitarbeiter, die nach der Europawahl 2009 gültig werden, verbieten es nun definitiv. Außerdem werden, das schreibt der neue Kodex vor, Mitarbeiter vom Parlament direkt und nicht mehr von den einzelnen Abgeordneten eingestellt. Bezahlt werden sie dann zentral, das gilt auch für die Assistenten in den nationalen Wahlbüros

Friedrich preist die neuen Regeln als wichtigen Beitrag zu mehr Transparenz, so wie auch die Lobbybestimmungen, die Interessenvertreter zwingt, ihre Kunden und Finanzen offen zu legen. «Enorme Fortschritte» habe man gemacht, so Friedrich. Lobbyismus im Parlament? Nicht nennenswert. Lobbyisten lieferten interessante Informationen, bekennt der Quaestor, man wisse ja schließlich, dass diese Informationen gefärbt seien. In all den Jahren habe er sich nur zweimal bedrängt gefühlt, erzählt der CSU-Mann. Einmal seien es Landwirte gewesen, das andere Mal wollte eine türkische Delegation sein Büro nicht mehr verlassen, bevor er nicht eine Erklärung für den Beitritt der Türkei unterschrieben hatte.

Vermutlich sind es auch weniger die Treffen, bei denen E.on, Daimler oder Bayer ihre Sicht der Dinge darlegen dürfen, welche Abgeordnete in Interessenkonflikte bringen. Viel bedenklicher ist, wenn Parlamentarier Nebenjobs nachgehen, die thematisch mit ihrer Arbeit zusammenhängen. Etliche Mitglieder des Parlaments arbeiten zum Beispiel als Berater für Konzerne oder Anwaltskanzleien. Die britische Gruppe «Spinwatch», welche die PR-Aktivitäten von Politikern beobachtet, hat in einem Papier vom Juli 2008 EU-Abgeordnete aufgelistet, die Interessenkonflikten gefährlich nahe kommen.

Mit dabei ist der bereits genannte Schotte John Purvis, der im Verdacht steht, Geld aus seinem Mitarbeiteretat in die eigene Tasche gelenkt zu haben. Purvis ist Partner einer Biotechfirma. Im Parlament hat er sich wiederholt, auch als Berichterstatter in Ausschüssen, für die bessere Förderung von Biotechunternehmen starkgemacht. Sein Parteifreund Giles Chichester, der wegen der Veruntreuung von Mitarbeitergeld den Fraktionsvorsitz aufgeben musste, war Vorsitzender eines Pro-Atom-Verbands und trat zugleich im Parlament als Kernkraftbefürworter auf.

Oder der deutsche Unionsmann Klaus-Heiner Lehne, Mitglied im juristischen Ausschuss des Parlaments. Lehne arbeitet nebenher in Düsseldorf als Partner bei der für Lobbyaktivitäten bekannten Firma Taylor Wessing. Das internationale Unternehmen berät zudem seine Klienten in Patentfragen. Und ausgerechnet Lehne war der Wortführer im Parlament für einen stärkeren Schutz von Softwarepatenten.

Elmar Brok, ebenfalls CDU und einer der dienstältesten Abgeordneten, hat seit vielen Jahren einen Beratervertrag mit Bertelsmann. Sein offizieller Job lautet inzwischen «Senior Vice President Media Development». Brok hat zwar nie ein Geheimnis aus seinem Engagement gemacht, doch wer könnte, wie die Financial Times schreibt, in einer besseren Position sein, um Entscheidungsträgern die Türen zu öffnen?

Dürfen Abgeordnete überhaupt Nebentätigkeiten haben? Eine knifflige Frage, die auch in Deutschland heftig debattiert wird. Die Befürworter argumentieren, dass es erstens der finanziellen Absicherung dient, wenn Parlamentarier einen anderen Job haben – dann kleben sie nicht so sehr an ihrem Mandat. Zweitens wünscht man sich als Volksvertreter auch Menschen, die einen richtigen Beruf ausüben und nicht nur Berufspolitiker sind. An diesen Argumenten ist etwas dran – freilich setzt die Tolerierung von Nebentätigkeiten voraus, dass diese ordentlich deklariert werden.

Doch das geschieht in Brüssel nicht. Zwar schreibt der Abgeordnetenkodex vor, dass die Parlamentarier ein Formblatt mit entsprechenden Informationen ausfüllen müssen, das im Internet einzusehen ist. Doch keiner der genannten Herren erklärt, was genau seine Tätigkeiten sind. Da steht zum Beispiel nur «Anwalt», wie bei Klaus-Heiner Lehne. Und niemand verrät die Höhe seiner Nebenverdienste. Wenn Elmar Brok, wie spekuliert wird, von Bertelsmann tatsächlich ein Jahresgehalt von 200000 Euro für seinen Zweitjob erhält, dann darf man schon überlegen, ob Brok überhaupt noch Zeit hat, seinen Hauptberuf richtig auszuüben.

Gespür für das, was man tut und nicht tut, ist den Parlamentariern auch bei den offiziellen Kontakten mit Firmen abhandengekommen. Unter dem Akronym EBPS (European Business and Parliament Scheme) sitzt im Parlamentsgebäude ganz offiziell eine Vertretung großer Wirtschaftsunternehmen. EBPS-Mitarbeiter sind per E-Mail mit der Adresse europarl.europa.eu zu erreichen. Als «Patron» für EBPS zeichnet Parlamentspräsident Hans-Gerd Pöttering. Zu den Aufgaben von EBPS gehört es, Treffen zwischen Abgeordneten und Firmen wie dem Softwaregiganten Microsoft oder den Energieversorgern BP, RWE und Gaz de France zu organisieren. Teil des EBPS-Programms sind auch Besuche bei den beteiligten Firmen, wobei die Kosten offiziell von EBPS und Parlament getragen werden. Erst nach Protesten der italienischen Abgeordneten Monica Frassoni beschlossen die Fraktionschefs im Sommer 2008, dass EBPS sich ein Büro außerhalb des Parlaments suchen solle.

Parlament und Kommission müssen wohl in Zukunft mehr Sensibilität im Umgang mit Betrugsfällen entwickeln. Wenn ein Generaldirektor im Verdacht steht, geheime Informationen über Schutzzölle auszuplaudern, muss die Kommission den Fall möglichst schnell aufklären. Wenn ein Bericht Abgeordnete nennt, die Geld veruntreut haben, darf das Parlament das Papier nicht unter Verschluss halten. Wenn Kritiker auf Missstände hinweisen, dann sollten sie nicht mundtot gemacht werden. Nicht die Zahl der Korruptionsfälle ist bedenklich. Vielmehr sind es Geheimniskrämerei, Nachlässigkeit bei der Aufklärung, fehlender Wille zur Transparenz. Sie geben den Bürgern das Gefühl, dass die Korruption in Brüssel weiterhin blüht.

Kapitel 8
Jäger der verlorenen Milliarden

Die Operation «Rückzug» begann am frühen Morgen des 23. April 2007. Mit gleich 45 Untersuchungshaftbefehlen in der Tasche schwärmten die Carabinieri aus, in Kalabrien, in der Toskana und in der Region Latium. Angeordnet und koordiniert hatte die «operazione ritiro dal mercato» der Staatsanwalt von Palmi, einer kleinen kalabrischen Stadt an der Spitze des italienischen Stiefels. Der Verdacht lautete auf Betrug, Korruption und Urkundenfälschung im Zusammenhang mit EU-Beihilfen für die Rücknahme frischer Zitrusfrüchte vom Markt und deren Weiterverarbeitung. Olaf, Europas Betrugsbekämpfungsbehörde, hatte seit 2005 in dem Fall ermittelt.

Zu den Verhafteten gehörten Regionalbeamte, der Präsident einer Genossenschaft sowie Obstbauern. 544 weitere Personen wurden nach Informationen des Staatsanwalts von Palmi angezeigt. Die Polizisten beschlagnahmten zahlreiche gefälschte Dokumente. Annähernd 50 Millionen Euro an Agrarhilfen hatte sich eine mafiöse Bande von Bauern, Produktionsgenossenschaften und Verarbeitungsbetrieben ergaunert. Die Subventionen aus Brüssel sollten dazu dienen, überschüssige Früchte zu Saft zu verarbeiten. Denn längst produzieren Europas Obstbauern zu große Mengen an Zitrusfrüchten. Vernichten mag man sie nicht, das weckt schlechte Erinnerungen an die Zeiten der Überproduktion mit ihren Milchseen und Butterbergen. Daher verabschiedeten Europas Regierungschefs im Jahr 1996 die Verordnung 2202/96 (EG). Demnach bekommen Landwirte, die ihre Zitronen, Grapefruits, Orangen, Mandarinen oder Clementinen in die Keltereien bringen und dort zu Saft verarbeiten lassen, eine Beihilfe.

Bereits 2000 hatten italienische Behörden Hinweise darauf erhalten, dass mehrere Betriebe EU-Mittel zu Unrecht einkassierten. Im Laufe der Ermittlungen stellte sich heraus, dass das meiste Obst, das zu Saft verpresst wurde, nur auf dem Papier existierte. Auch das Erzeugnis, das Saftkonzentrat, gab es gar nicht. «Zu diesem Zeitpunkt haben die italienischen Ermittler uns eingeschaltet», erinnert sich James Sweeney. Der Brite war damals Chef der Abteilung Landwirtschaft beim EU-Amt für Betrugsbekämpfung, inzwischen leitet er den Bereich «Regionalförderung».

Sweeney schickte zwei seiner Leute nach Spanien und Frankreich. Dorthin hatte einer der verdächtigen italienischen Betriebe große Mengen an Saftkonzentrat verkauft, das aus kalabrischen Zitrusfrüchten stammte. So stand es zumindest in den Büchern der Firma. «An der Adresse des einen Saftimporteurs befand sich ein Parkhaus, an der zweiten ein Museum», erzählt Sweeney. Ein weiterer Saftimporteur in Frankreich entpuppte sich als Landwirt im Ruhestand.

James Sweeney sitzt in seinem Büro in der rue Joseph II. Die graue Straßenschlucht hat so gar nichts Kaiserliches, auch wenn sie nach dem Österreicher benannt ist, der bis zum Brabanter Aufstand 1789 über Brüssel herrschte. Das Olaf-Gebäude ist, ebenfalls im Gegensatz zum historischen Straßennamen, einer dieser banalen Brüsseler Büroklötze, die sich im Europaviertel dicht aneinanderreihen. Im Inneren führen enge dunkle Gänge zu schmalen, schlicht eingerichteten Büros. Menschen sitzen angespannt vor ihren Computerbildschirmen, es ist im Frühsommer 2008 – und in ein paar Tagen muss der Jahresbericht für 2007 fertig sein, der einige große und kleine Sünder entlarven wird.

Nein, die Ermittlungsbehörde Olaf hat nun wirklich nichts gemein mit Londons geschichtsträchtigem Geheimdienst MI 5 am Ufer der Themse. Ebenso wenig erinnert der Brite Sweeney an einen James Bond, der sich auf Jagd nach Europas Subventionsbetrügern macht. Sweeney trägt dicke Brillengläser, Hemd und Krawatte. Die Jacke hat er abgelegt, es ist ein warmer Tag. Nun sind die Kriminellen, die Sweeney im Visier hat, auch kleine Fische im Vergleich mit den Bösewichten, die Agent 007 im Dienste seiner Majestät entlarvt. Trotzdem lohnt es sich, sie zu verfolgen, denn immerhin erleichtern sie die Kassen der EU Jahr für Jahr um viele hundert Millionen Euro.

James Sweeney ist einer von gut hundert Ermittlern, die bei Olaf arbeiten. Das Amt «Office Européen de Lutte Anti-Fraude» wurde 1999 praktisch über Nacht geschaffen, noch während der Schockstarre, die in Brüssel nach dem Rücktritt der Kommission Jacques Santer herrschte. Bis dahin hatte sich Uclaf (Unité de coordination de Lutte Anti-Fraude), eine kommissionsinterne Einheit, um die Betrugsbekämpfung gekümmert. Diese wiederum war – «übrigens auf Vorschlag von Margaret Thatcher», wie James Sweeney die Rolle der früheren britischen Regierungschefin ausdrücklich betont – aus den verschiedenen, unabhängigen Antibetrugsabteilungen der Generaldirektionen entstanden.

Doch Uclaf schwächelte von Anbeginn. Die bei der Generalverwaltung angesiedelte Abteilung hatte kaum Kompetenzen und musste mit wenigen Mitarbeitern auskommen, obwohl damals schon offensichtlich war, dass die gigantische Umverteilungsmaschinerie Europas zum Betrug geradezu einlud. Erst 1992 erhielt Uclaf die Erlaubnis, in bestimmten Fällen eigenständig zu ermitteln, 1998 wurde die Abteilung zu einer Task-Force zur Koordinierung der Betrugsbekämpfung erweitert. Doch mit nur insgesamt hundert Leuten, von denen zwei Drittel Zeitverträge hatten, konnte Uclaf kaum vernünftig arbeiten. Sowohl der Rechnungshof als auch das Parlament kritisierten organisatorisches Chaos, schlecht geführte und dokumentierte Ermittlungen, unvollständige und irreführende Daten über Betrugsfälle sowie zögerliches Vorgehen gegen EU-Bedienstete bei Korruptionsverdacht. Unter dem österreichischen Abgeordneten Herbert Bösch forderte der Haushaltskontrollausschuss eine unabhängige Behörde: Uclaf sei weisungsgebunden an die Kommission, kritisierten Bösch und seine Mitstreiter, das mache es praktisch unmöglich, Betrug innerhalb der Behörde aufzudecken.

Mit dem Rücktritt der Santer-Kommission erkannten die Mitgliedstaaten, wie wichtig das Thema Korruptionsbekämpfung war. Sie beschlossen in aller Eile am 28. April 1999 die Gründung von Olaf. Bereits am 1. Juni nahm das Amt die Arbeit auf – ein Beleg dafür, dass die EU durchaus schnell handeln kann, wenn der politische Wille vorhanden ist.

Was also macht Olaf? Zwei Dutzend Beschlüsse, Verordnungen und Artikel der Europäischen Verträge bilden die Grundlage der Arbeit. Knapp 470 Menschen arbeiten inzwischen im oder für das Amt für Betrugsbekämpfung, viele von ihnen haben bereits Erfahrungen bei einer nationalen Polizei, bei Justizbehörden oder der Zollfahndung gesammelt. Olaf-Mitarbeiter sind damit beschäftigt, Misswirtschaft und Korruption innerhalb der EU-Behörden aufzuspüren. Doch die Fälle von Fehlverhalten in Kommission, Parlament und anderen Institutionen machen nur etwa ein Fünftel der Arbeit aus. Die wichtigste Aufgabe von Olaf besteht inzwischen darin, die «finanziellen und wirtschaftlichen Interessen der Union zu sichern», das heißt, Betrüger aufzuspüren, die Geld aus dem Gemeinschaftshaushalt veruntreuen oder der Union sonst wie schaden. Olaf selbst bezeichnet sich nicht ohne Stolz als «Motor eines Europas der Legalität gegen die Internationale des Verbrechens».

In der Praxis arbeitet Olaf mit den nationalen Ermittlungsbehörden zusammen, fast immer werden Betrügereien und sonstige Unregelmäßigkeiten gemeinsam ermittelt und aufgedeckt, wie im Fall der Saftbetrüger von Italien. Das ist wenig überraschend, schließlich werden vier von fünf Euro aus dem EU-Budget in den Mitgliedsländern ausgegeben, als Hilfen für Landwirte, als Subventionen für Betriebe oder für neue Straßen. Deshalb sind die Mitglieder primär dafür verantwortlich, Betrug an diesen «Eigenmitteln» aufzudecken und das veruntreute Geld auch wieder einzuziehen und nach Brüssel zurückzuüberweisen. In den Bereichen, in denen der Betrug zu Lasten der EU besonders lukrativ ist, hat Olaf «Task-Groups» geschaffen. Der Schmuggel von Zigaretten und Alkohol, die erschlichenen Subventionen von Olivenöl oder der Mehrwertsteuerbetrug sind Beispiele dafür.

Olaf bekommt immer mehr Arbeit. Jahr für Jahr gehen zunehmend Hinweise beim Amt ein. 2007 haben Europas Betrugsjäger 886 Informationen über mögliches Fehlverhalten erhalten, 2003 waren es «nur» 559. Bei Olaf wertet man das als großen Erfolg. «Man vertraut uns», sagt Olaf-Sprecher Jörg Wojahn. Zunehmend beliebt ist dabei die «grüne Telefonnummer», unter der jeder Bürger eines jeden Mitgliedstaates Informationen loswerden kann. Wer etwa in Deutschland einen Verdacht schöpft, kann die Nummer «0800 182 0595» wählen, die es seit 2007 gibt. Mehr als die Hälfte aller Hinweise an Olaf kommt von Informanten, die nicht in EU-Behörden arbeiten, fast ein Drittel der Informationen über Unregelmäßigkeiten stammen aus der Kommission selbst.

Die meisten Hinweise (23 Prozent der Meldungen) betreffen die EU-Institutionen, also vor allem die Kommission und ihre Vertretungen im Ausland sowie das Parlament. Genauso häufig werden Verdachtsmomente gemeldet, die Hilfsmittel an Drittstaaten betreffen. An dritter Stelle (19 Prozent) stehen inzwischen Unregelmäßigkeiten bei den Strukturmitteln: Das sind typischerweise die vierspurige Autobahn, die im Nichts endet, oder die Straße, bei der zu viel Baumaterial abgerechnet wurde. An vierter Stelle kommt die Landwirtschaft (15 Prozent). Jede zehnte Meldung betrifft direkte Ausgaben der Kommission, etwa Forschungsmittel.

Olaf muss jedem Hinweis nachgehen – allerdings wird nicht aus jedem Hinweis ein Fall. Alle zwei Wochen kommen der deutsche Generaldirektor Franz-Hermann Brüner und die Direktoren oder andere ranghohe Mitarbeiter der verschiedenen Abteilungen zusammen. Dann entscheiden sie: Trägt ein Verdacht? Wird daraus eine Untersuchung? Oder legt man die Hinweise zu den Akten? Letztere heißen «non cases», einige davon stapeln sich als blaue Mappen auf der Fensterbank von James Sweeneys Büro. Der Brite muss sie noch mal durchsehen, bevor sie archiviert werden. Ein Teil der Fälle bleibt unter Beobachtung, man weiß ja nie.

Alle neuen, laufenden und abgeschlossenen Dossiers sind in der Olaf-Datenbank gespeichert, aber auch alle Hinweise werden dort abgelegt. Sie könnten schließlich in Zukunft einmal gebraucht werden, für einen neuen Fall vielleicht. Wenn jedoch die Hinweise so ernst sind, dass Olaf sie weiterverfolgen will, empfiehlt die Direktorenrunde, einen neuen Fall zu eröffnen. Das kann eine «interne Untersuchung» sein – so heißen die Fälle innerhalb der EU-Institutionen – oder eine «externe», welche den Verdacht in einem Mitgliedstaat betrifft.

Als interner Fall zählt zum Beispiel der Leiter eines EU-Forschungszentrums, der sich Zuschüsse erschlich, indem er Arbeitszeitaufzeichnungen fälschte und Forschungsergebnisse von Kollegen als seine eigenen deklarierte; oder der pensionierte Beamte, der seine Altersbezüge aufbessern wollte, indem er einen falschen Wohnort angab. Externe Untersuchungen betreffen meistens Fälle von Subventionsbetrug in der Regionalförderung oder der Landwirtschaft wie der erwähnte Schwindel mit Orangensaft.

Aus den insgesamt 886 Hinweisen, die 2007 bei der Antibetrugsbehörde eingingen, wurden 543 Fälle, bilanziert der Olaf-Jahresbericht. In etwa sechs von zehn Fällen beschloss die Direktorenrunde, dass keine Untersuchung notwendig sei. Diese wanderten als «non cases» zu den Akten, wobei ein Teil in die Kategorie «monitoring» fiel – also unter weiterer Beobachtung stand. Damit blieben 210 Untersuchungen, welche Olaf im Jahr 2007 eröffnete. Von diesen Untersuchungen betreffen 64 Fälle die «Externe Hilfe», das heißt Entwicklungsgelder sowie die Unterstützung von Beitrittskandidaten. Misswirtschaft oder Fehlverhalten innerhalb der EU-Einrichtungen schlagen mit 46 Fällen zu Buche, Landwirtschaftssubventionen und Zollbetrug sind Gegenstand von jeweils 30 Dossiers.

Insgesamt 408 Fälle verfolgt Olaf zurzeit, manche erstrecken sich über mehrere Jahre. Im Durchschnitt dauert es 24 Monate, bis ein Fall abgeschlossen ist. Betrachtet man die Verteilung auf die Länder, so kommt Deutschland nicht gut weg: Von den 408 laufenden Untersuchungen betreffen 26 Deutschland, das damit in der Spitzengruppe liegt. Nun lässt diese Zahl für sich genommen nicht darauf schließen, dass die Deutschen besonders häufig betrügen. Sie hängt auch damit zusammen, dass besonders viel Subventionen aus Brüssel in die Bundesrepublik fließen. Den traurigen Rekord der Olaf-Untersuchungen stellt Italien mit 51 Fällen. Auch Griechenland verbucht mit 29 Fällen verhältnismäßig viele Einträge ins Olaf-Register, ebenso die Neumitglieder Bulgarien und Rumänien. In diesen drei Ländern wird, im Verhältnis zur

Bevölkerungszahl, besonders viel geschummelt. Dass übrigens Belgien mit 59 Fällen die Spitze der Statistik anführt, liegt daran, dass alle internen Ermittlungen in Brüsseler EU-Behörden dem Beneluxland zugerechnet werden.

52 Millionen Euro beträgt das Jahresbudget von Olaf. Das Geld ist gut angelegt. Denn allein 2007 sorgten Europas Betrugsjäger dafür, dass gut 200 Millionen Euro in die Gemeinschaftskasse zurückflossen. Insgesamt, so schätzt man bei Olaf, summiert sich das Finanzvolumen aller seit Gründung des Amtes 1999 bearbeiteten und noch offenen Fälle auf acht Milliarden Euro. Macht etwa eine Milliarde pro Jahr. Anders ausgedrückt: Jährlich wird etwa eine Milliarde Euro aus dem EU-Etat veruntreut. Bei einem Gesamtbudget von 130 Milliarden Euro entspricht das einem knappen Prozent. Nicht alles freilich wird in betrügerischer Absicht unterschlagen. Im Jahr 2006 kamen nach offiziellen Angaben der Kommission 1,155 Milliarden Euro bei «Unregelmäßigkeiten» abhanden. Zwei Drittel, schätzt die Kommission, wurden als Folge von Schluderei und Nachlässigkeit unrechtmäßig verwendet. Um immerhin 320 Millionen Euro ist die EU regelrecht betrogen worden.

Damit wird auch klar, dass die offizielle Schätzung der Kommission, dass weniger als ein Prozent des EU-Etats verschwindet, zu optimistisch ist. Schließlich deckt Olaf bei Weitem nicht alle Betrugsfälle auf. Wie hoch die Dunkelziffer ist, können selbst die Olaf-Experten nicht sagen. Aber andere Schätzungen gehen davon aus, dass mehrere Prozent des Haushalts regelwidrig ausgegeben werden.

Wundern muss dieser hohe Anteil nicht, wenn man die Fälle studiert, mit denen es Olaf zu tun hat. Die Brüsseler Milliarden scheinen eine betrügerische Energie freizusetzen, und Kriminelle entwickeln eine ungeheure Fantasie, um die Geldströme umzulenken. Zum Beispiel indem sie einfach Waren erfinden, etwa fiktiven Tabak. Um mindestens drei Millionen Euro erleichterten italienische Betrüger die EU-Kasse, weil sie Subventionen für knapp tausend Tonnen Rohtabak einstrichen. Die 80 Personen starke Bande operierte von Italien aus: Sie täuschte, ähnlich wie im Fall der Zitrusfrüchte, Lieferungen an ausländische Unternehmen vor, um vor den italienischen Kontrollstellen zu verheimlichen, dass es den Tabak in Wirklichkeit nicht gab. Damit sparte sie sich die heimische Mehrwertsteuer. Als wäre das noch nicht lukrativ genug, schuf man ein Tabakkarussell, bei dem ein Erzeuger Tabak an einen Verarbeitungsbetrieb lieferte, dieser den Tabak an einen weiteren Erzeuger schickte, der den Stoff wiederum an den Verarbeitungsbetrieb schickte. Für sämtliche «Bearbeitungen» wurden illegal europäische Gelder kassiert.

Regelrecht konventionell nimmt sich dagegen die Bestechungsaffäre aus, die Olaf im Königreich Lesotho aufdeckte. Mit dem «Lesotho Highlands Water Project» förderte die EU seit den frühen Achtzigerjahren den Bau von Dämmen, Wasserleitungstunnels zwischen Lesotho und Südafrika sowie unterirdische Wasserkraftanlagen. Es ist eines der größten Dammbauprojekte weltweit und das bedeutendste grenzüberschreitende Bauprojekt, das jemals in Afrika in Angriff genommen wurde. Insgesamt 61 Millionen Euro zahlte der Europäische Entwicklungsfonds, die Europäische Investitionsbank gab 122 Millionen Euro an Krediten.

Doch die Behörden Lesothos hatten Verdacht geschöpft, dass bei der Auftragsvergabe nicht alles mit rechten Dingen zugegangen war. Die Ermittlungen von lokalen Behörden und Olaf ergaben, dass drei Unternehmen aus Frankreich, Italien und Deutschland den Geschäftsführer des Bauvorhabens bestochen hatten, um sich Aufträge zu sichern. Alle drei wurden zu Geldstrafen von insgesamt 4,4 Millionen Euro verurteilt, der einheimische Manager wanderte für 15 Jahre hinter Gitter. Wie hoch der Schaden ist, den die EU erlitten hat, kann Olaf nicht beziffern.

In den Neunzigerjahren war der Betrug mit gepanschtem Olivenöl verbreitet, das mit dem Siegel «extra vergine» in die Supermarktregale gelangte. Damals gründete Olafs Vorgänger Uclaf eine «Task-Force Olivenöl». Weil es inzwischen keine hohen Zuschüsse mehr für Olivenöl gibt, ist die Spezialeinheit überflüssig geworden, sie wurde vor ein paar Jahren aufgelöst. «Nun ist Knoblauch en vogue», sagt James Sweeney. Auf mindestens 60 Millionen Euro schätzt man den Schaden, der Europas Steuerzahlern bisher durch Betrug mit chinesischem Knoblauch entstanden ist, bei dem Zollgebühren unterschlagen wurden. Im August 2008 waren die Olaf-Ermittler allein mit 17 Knoblauchfällen beschäftigt – damit liegt die scharfe Knolle im Bezug auf Betrug mit Agrarprodukten bereits an dritter Stelle, hinter Zucker und Fleisch.

Wie so häufig liegt der Grund im protegierten Agrarmarkt: China hatte in den vergangenen Jahren die Welt mit Knoblauch überschwemmt, im Reich der Mitte werden große Mengen zu niedrigen Kosten produziert. Um Europas Anbauer zu schützen, beschloss Brüssel eine Einfuhrobergrenze von jährlich 13 000 Tonnen. Importe werden mit einem Antidumpingzoll von knapp zehn Prozent belegt, zusätzlich müssen für jede Tonne oberhalb der jährlichen Quote 1200 Euro bezahlt werden. Um es noch komplizierter zu machen: Manche Länder haben bestimmte Handelsabkommen mit der EU und dürfen die Knollen ohne Zölle und Mengenbeschränkungen nach Europa exportieren. Für jene aber, die zahlen müssen, ist der illegale Import höchst lukrativ: Bei einem Container mit 20 Tonnen lassen sich 24 000 Euro an Abgaben «einsparen».

Wenn plötzlich die Importe aus einem Land zunehmen, das zuvor gar keinen Knoblauch in die EU exportiert hatte, werden die Ermittler aufmerksam. Das gilt auch, wenn die Importe angeblich aus einer Region kommen, wo gerade gar keine Erntezeit für Knoblauch ist. Bei Olaf horcht man ebenfalls auf, wenn ein Drittland große Mengen an Knoblauch aus China einführt und kurze Zeit später wieder große Mengen in die EU exportiert.

Um zu verschleiern, dass die Ware aus China stammt, nutzen Schmuggler verschiedene Tricks. Der Knoblauch wird durch ein Drittland transportiert und dort in andere Container umgeladen – eine gängige Methode, um ein anderes Herkunftsland vorzutäuschen. Oder die Herkunftszertifikate werden gleich komplett gefälscht, beziehungsweise lokale Behörden stellen aufgrund falscher Angaben fehlerhafte Papiere aus. Manche Betrüger deklarieren beim Zoll frischen zu getrocknetem oder tiefgefrorenem Knoblauch oder einzehigem Elefantenknoblauch um, für die weit geringere beziehungsweise gar keine Abgaben anfallen. Doch Knoblauch ist eben nicht Knoblauch: Der Boden, auf dem die Knolle wächst, hinterlässt so etwas wie einen typischen Fingerabdruck. Mithilfe einer genauen Analyse der weltweiten Knoblauchwege haben Olaf-Experten eine Art Weltkarte des Knoblauchs erstellt. «Mit einer Isotopenanalyse können wir ermitteln, aus welchem chinesischen Dorf eine Knolle stammt», sagt James Sweeney.

Mehr Sorgen als chinesischer Knoblauch bereiten den Olaf-Fahndern derzeit jedoch Europas neue Mitglieder Rumänien und Bulgarien. Die EU hatte 2007 die beiden Länder aufgenommen, obwohl Justizsystem und Strafverfolgung in desolatem Zustand waren. In den Beitrittsverträgen mit beiden Ländern waren daher Schutzklauseln verankert worden. Sie sollen Sanktionen ermöglichen, wenn die Reformen nicht vorankommen. Zudem werden Bulgarien und Rumänien – anders als die 2004 beigetretenen osteuropäischen Staaten – besonders streng überwacht. Sie müssen bestimmte Ziele erreichen, und die Kommission veröffentlicht alle sechs Monate einen Fortschrittsbericht. Schließlich ist es wichtig für den Zusammenhalt der Union, dass die Länder möglichst schnell europäische Standards erreichen. Und immerhin geht es auch um viel Geld: Bis 2013 stehen Bulgarien elf Milliarden Euro an EU-Mitteln für neue Straßen, für die Modernisierung der Landwirtschaft und der öffentlichen Verwaltung zu. Rumänien kann auf 32 Milliarden Euro hoffen.

Doch richtig groß ist die Freude an Europas Zuwachs nicht. Da ist zum einen die hohe Zahl der neuen Fälle, die Olaf in 2007 eröffnet hat und an denen Rumänien und Bulgarien einen erheblichen Anteil tragen. Gemessen an der Bevölkerungszahl und an der Tatsache, dass beide Länder erst seit 2007 Mitglieder sind, schneiden sie extrem schlecht ab: Rumänien kommt auf 20 Fälle, das sind genauso viele wie für das Altmitglied Frankreich, das doppelt so viele Einwohner zählt und seit Arbeitsbeginn von Olaf unter Beobachtung steht. Für Bulgarien hat Olaf 15 Untersuchungen eröffnet.

Das alles ist im Olaf-Jahresbericht 2007 nachzulesen. Unter Verschluss gehalten wird jedoch eine interne Studie der Betrugsbekämpfer, die im Sommer 2008 für Wirbel sorgte. Demnach ist der politische Wille, die Korruption zu bekämpfen, offenbar weniger ausgeprägt, als man von einem EU-Mitglied erwarten dürfte. «Sehr schlimm» seien die Verhältnisse vor allem in Bulgarien, sagt Olaf-Generaldirektor Franz-Hermann Brüner, als wir im Frühsommer 2008 in seinem Büro sitzen. «Sehr, sehr schlimm», wiederholt er, wie zur Bekräftigung.

Besonders schlimm steht es um Bulgarien – paradoxerweise. Denn zunächst hielten Experten die Regierung von Sofia für besser aufgestellt als die in Bukarest, um die korrupten Strukturen in Politik, Wirtschaft und Justiz zu bekämpfen. Inzwischen ist jedoch aus dem aufstrebenden Neumitglied das Sorgenkind Europas geworden. Bulgarien habe die EU geblendet, sagen Fachleute, vor allem weil zunächst die Wirtschaft besser lief als in Rumänien. Doch die Seilschaften aus kommunistischen Zeiten scheinen einen Neuanfang massiv zu erschweren.

Am Morgen des 13. Februar 2008 schlugen Ermittlungsbeamte des Zollfahndungsamtes München, der Bundeskriminalpolizei Bern sowie der bulgarischen Polizei zu. Insgesamt 100 Beamte durchsuchten in Deutschland, der Schweiz und Bulgarien 19 Firmen und Privatwohnungen, in der Tasche hatten sie acht Haftbefehle wegen Verdachts auf Subventionsbetrug. Unter den Festgenommenen waren ein 41-jähriger Firmeninhaber sowie dessen 35-jähriger leitender Angestellte aus dem Raum Kempten im Allgäu. Beide stehen unter dringendem Verdacht, im Zusammenhang mit einer Lieferung von Maschinen zur Fleisch- und Wurstverarbeitung nach Bulgarien Subventionen unterschlagen zu haben.

Bulgarische Mittäter hatten gebrauchte Maschinen erworben. Die Geräte stammten angeblich aus Deutschland und der Schweiz – tatsächlich aber handelte es sich um alte bulgarische Maschinen, die zuvor ins Ausland geschafft worden waren und nun mit EU-Subventionen zurückgekauft wurden. Mithilfe von Briefkastenfirmen verschleierten die Betrüger die Schein- und Karussellgeschäfte. Mindestens 3,5 Millionen Euro haben sie so erschlichen. Bei der zuständigen Staatsanwaltschaft Augsburg geht man jedoch davon aus, dass bei dem gesamten Geschäft sogar 7,5 Millionen Euro im Spiel waren. Als die Behörden zuschlugen, hatten die Betrüger bereits einen Antrag auf weitere 1,7 Millionen Euro Subventionen gestellt, deren Auszahlung in letzter Minute gestoppt werden konnte.

Das ist nur einer der Fälle, in denen Olaf in Bulgarien ermittelt hat. Mindestens 32 Millionen Euro aus dem Sapard-Programm sind dem Olaf-Geheimpapier zufolge, aus dem später doch Details durchsickerten, in Bulgarien veruntreut worden. Sapard steht für «Spezielles Beitrittsprogramm für Landwirtschaft und ländliche Entwicklung». Das inzwischen eingestellte Programm diente dazu, Beitrittskandidaten in Mittel- und Osteuropa bei der Modernisierung ihrer Landwirtschaft zu unterstützen. Noch brisanter als der Betrug an der EU-Kasse ist jedoch, dass man bei Olaf politische Rückendeckung für die kriminellen Machenschaften fürchtet: «In der bulgarischen Regierung und/oder dem Staatsapparat» gibt es «einflussreiche Kräfte, die kein Interesse daran haben, irgendjemanden von der Nikolow-Stojkow-Gruppe zu bestrafen», warnt der Bericht.

Gegen das Imperium von Nikolow und Stojkow ermittelt Olaf in einem Dutzend von Fällen. Insbesondere werden die beiden verdächtigt, «ein kriminelles Netzwerk» aufgebaut zu haben, das mehr als 50 Firmen und Gesellschaften umfasst. Diese sollen auch große Mengen vergammeltes Kaninchenfleisch aus China nach Deutschland, Frankreich und Spanien eingeführt haben. Die Importpapiere waren gefälscht und nannten Argentinien als Herkunftsland.

Die beiden Geschäftsmänner Mario Nikolow und Ljudmil Stojkow waren bereits 2006 nach Hinweisen von Olaf verhaftet, dann aber wieder auf freien Fuß gesetzt worden. Möglicherweise konnte Stojkow sich wegen guter Kontakte zur Regierung aus der Affäre ziehen: Er soll die Wahlkampagne von Staatspräsident Georgij Parwanow 2007 besonders großzügig unterstützt haben.

Auch die Kommission übte Kritik wegen mangelnder Verfolgung korrupter Unternehmer und Politiker. Kurz nach Bekanntwerden des Olaf-Papiers veröffentlichte sie den dritten Fortschrittsbericht über die Justiz sowie einen Bericht über die Verwendung von EU-Mitteln. «Korruption an höchster Stelle und organisiertes Verbrechen verstärken das Problem einer generellen Schwäche von Verwaltung und Justiz. Sofortiges Handeln ist notwendig», heißt es da.

Für Beitrittskandidaten hat Brüssel eine Reihe von Förderprogrammen geschaffen wie eben «Sapard» oder «Phare», die sie auf die Mitgliedschaft vorbereiten sollen. Die Länder müssen schließlich in der Lage sein, nach dem Beitritt größere Summen an EU-Mitteln zu verwalten. Außerdem sollen besonders arme Regionen aufgepäppelt werden, Straßen gebaut und die Telekommunikationsinfrastruktur verbessert werden. In Bulgarien aber floss das Geld offenbar nicht so sehr in neue Telefonleitungen oder Autobahnen, sondern vielmehr in private Taschen. Das Land, so lautet ein Hauptvorwurf der Kommission, habe die umfangreichen Mittel zur Vorbereitung des Beitritts nicht richtig verwaltet. Eine schwache öffentliche Verwaltung und Justiz, sowohl auf der lokalen, der regionalen als auch der nationalen Ebene, verhinderten Transparenz bei der Ausschreibung und Vergabe und begünstigten Unregelmäßigkeiten, Betrug sowie Interessenkonflikte.

Bulgarien müsse sich anstrengen, heißt es im Bericht, um seine Verwaltung zu säubern und sicherzustellen, dass die großzügigen Zuwendungen von der EU tatsächlich die Bürger erreichten, statt von korrupten Beamten abgeschöpft zu werden, die mit der organisierten Kriminalität unter einer Decke steckten. Das Ergebnis der bisher laxen Verfolgungspraxis sei, warnt die Kommission, eine wachsende Frustration in den Mitgliedstaaten, die bisher Bulgarien unterstützt haben.

Immerhin hat Brüssel inzwischen zwei Agenturen, welche die EU-Mittel verwalteten, die Lizenz entzogen und damit 250 Millionen Euro zunächst einmal eingefroren. Das ist übrigens nicht zum ersten Mal geschehen. Insgesamt sind damit Bulgarien bereits 800 Millionen Euro an zugesagten Mitteln nicht ausbezahlt worden.

Rumänien kommt in dem Bericht etwas besser weg. Auch gegenüber Bukarest moniert die Kommission, dass der Kampf gegen Korruption und die Reform der Justiz noch zu «volatil» sei. Zu wenige hochrangige Politiker würden tatsächlich belangt. Das ist Absicht: Das Parlament in Bukarest nutzt skrupellos ein Urteil des Verfassungsgerichts, mit dem es die strafrechtliche Verfolgung von Politikern verhindern kann. «In zehn besonders wichtigen Fällen, in denen ehemalige Minister betroffen sind, wurden keine wirklichen Fortschritte erzielt, weil entweder das Parlament die

Untersuchungen blockiert oder der Strafgerichtshof zuvor ergangene Urteile annuliert hat», heißt es im EU-Bericht. «Die Korruptionsbekämpfung muss entpolitisiert werden.»

Tatsächlich spielt das Parlament eine ungute Rolle. So versuchte es, die Spielregeln für die Berufung der Obersten Staatsanwälte und Ermittler zu ändern. Damit wollte die Partei von Premier Tariceanu erreichen, dass der Direktor der Antikorruptionsbehörde entlassen werden konnte. Daniel Morar hatte sich einen Namen bei der Verfolgung korrupter Politiker gemacht, zu ihnen gehörte etwa der frühere Premier Adrian Nastase. Doch Morars Mandat war Mitte August 2008 nicht verlängert worden.

Von echten Sanktionen haben die Mitgliedsstaaten bislang abgesehen. Die mächtigste Keule, die Brüssel gegen Bulgarien hätte schwingen können, wäre gewesen, eine Klausel in Kraft zu setzen, die in den Beitrittsverträgen festgeschrieben ist. Sie hätte bedeutet, dass bulgarische Gerichtsurteile in der gesamten EU nicht anerkannt würden. So weit wollte aber niemand gehen, abgesehen davon, dass diese Strafe eher symbolischen Charakter hätte. Sie würde das Land demütigen – den Betrug an EU-Mitteln jedoch kaum verhindern. Bei Olaf ist man ohnehin der Meinung, dass nur eines wirklich wehtut, nämlich das Einfrieren der Finanzhilfen.

Nun rächt sich, dass Europa im Schnellverfahren neue Mitglieder aufgenommen hat, ohne dass diese auch tatsächlich die Voraussetzungen erfüllt hätten. Das freilich war eine politische Entscheidung – und mit Sicherheit waren auch die zehn neuen Länder, die 2004 beitraten, zu diesem Zeitpunkt keine Musterschüler. Im Nachhinein hätte man den Beitrittsprozess behutsamer gestalten müssen. Doch man wollte die osteuropäischen Staaten möglichst schnell aus der Einflusszone Russlands herausholen. Die Neuen sollten sich unter der Obhut der EU reformieren und modernisieren, Erziehung durch Einbettung sozusagen. Damit sollte nicht zuletzt allen ehemaligen Ostblockstaaten historische Gerechtigkeit widerfahren.

Mit der Hauruck-Erweiterung hat die EU ein riskantes Spiel mit hohem Einsatz betrieben. Es ist, alles in allem, nicht verloren. Bei allen Problemen – politisch und wirtschaftlich gesehen, war die Erweiterung bisher erfolgreich. Die Demokratisierung Osteuropas macht Fortschritte, auch das ist unbestritten. Die Arbeitsmärkte sind nicht von billigen Tagelöhnern überschwemmt worden. Auch ist die EU nicht bankrott gegangen, weil sie Geld in die armen Nachbarländer pumpen muss. Falls allerdings die derzeitige Wirtschaftskrise anhält, werden auch Europas Nettozahler darunter leiden. Dann dürfte die Bereitschaft zur Solidarität mit den schwachen EU-Mitgliedern sinken.

Psychologisch gesehen, hat Europa die Erweiterung nicht verkraftet. Das scheinbar grenzenlose Europa hat die Skepsis gegenüber der Union vergrößert. Viele Menschen beschleicht das Gefühl, dass die Regierungschefs gutsherrenartig Einladungen zum Beitritt ausgesprochen haben. Tatsächlich wurden in der Erweiterungsrunde die Probleme verharmlost und beiseitegeschoben. Auch bei Bulgarien und Rumänien hat man zu viel Nachsicht geübt und nicht früh genug den Geldhahn zugedreht.

Das freilich mag niemand so recht zugeben. Auch Olaf-Chef Franz-Hermann Brüner verteidigt die bisherige Politik. «Wir sehen Fortschritte», sagt er. Man müsse jetzt auch helfen statt nur strafen, Zuckerbrot und Peitsche einsetzen. Vielleicht aber hat die EU bisher zu viel Zuckerbrot verteilt? Jedenfalls gibt es auch innerhalb von Olaf sehr pessimistische Stimmen, die am Willen der Regierung in Sofia zweifeln, tatsächlich gegen Korruption vorzugehen. Ob die im Frühjahr 2008 neu ernannte stellvertretende Premierministerin Meglena Plugchieva, die speziell für die Verwaltung von EU-Fonds zuständig ist, von ihren Regierungskollegen auch ausreichend unterstützt wird, muss sich noch zeigen.

«Inzwischen sind die Probleme in Rumänien und Bulgarien größer als in den meisten afrikanischen Staaten», ist die Europaabgeordnete Ingeborg Gräßle überzeugt. Die Schwierigkeiten seien von der Kommission «lange nicht ernst genommen worden». Der letzte Fortschrittsbericht zu beiden Ländern vom Februar 2008 sei sogar «ohne Mitarbeit und Informationen von Olaf» entstanden, kritisiert Haushaltskontrolleurin Gräßle. Künftig müsse die Kommission Olaf Zugang zu ihren Datenbanken gewähren und «Mitgliedstaaten zur Ordnung rufen», die sich weigerten, mit Olaf zusammenzuarbeiten, so die streitbare Christdemokratin. Die baden-württembergische EU-Politikerin hat dabei nicht etwa nur

Rumänien oder Bulgarien im Blick, sondern auch den EU-Gründerstaat Luxemburg. «Die Gerichte in Luxemburg haben noch nie Ermittlungsergebnisse von Olaf weiterverfolgt.»

Bei der Betrugsbekämpfung, so scheint es, bremsen die Mitgliedstaaten die Kommission gerne aus. Laut EU-Verträgen sind sie verpflichtet, die Mittel ordentlich zu verwalten. Wenn sie also Schlamperei dulden und nicht konsequent gegen Betrug vorgehen, dann verstoßen sie gegen die Verträge. Eine Schwierigkeit liegt in der «Informationsasymmetrie»: Die Kommission ist einerseits dafür verantwortlich, dass der Haushalt korrekt ausgeführt und kontrolliert wird, schreibt der Politologe und Journalist Florian Neuhann in seinem Buch «Im Schatten der Integration» über die Betrugsbekämpfung. Doch sie hat andererseits gar nicht genügend Geld und Leute, um vor Ort zu kontrollieren. Sie kann sich nur auf die Kontrollen der Mitgliedstaaten verlassen, die zudem verpflichtet sind, Unregelmäßigkeiten nach Brüssel zu melden.

Beim Geld aus der Gemeinschaftskasse zeigen sich die Nationalstaaten überraschend lax. Viele kommen ihrer Mitteilungspflicht nicht nach. Griechenland etwa, seit 1981 EU-Mitglied, hatte bis 1989 keinen einzigen Fall von Betrug an die Kommission gemeldet. Was wohl kaum daran lag, dass die Griechen die EU-Mittel korrekt verwendet hatten – in der Olaf-Statistik über neue Fälle in 2007 gehört Griechenland zu den Ländern mit den meisten Untersuchungen.

Zur «Informationsasymmetrie» kommt erschwerend hinzu, dass Mitgliedstaaten und Kommission unterschiedliche Interessen haben. Die Kommission muss daran interessiert sein, dass Betrug effektiv bekämpft wird, aus drei Gründen: Erstens steht in den Verträgen, dass sie das Gemeinschaftswohl wahren muss. Zweitens muss sie sich vor dem Parlament dafür verantworten, dass die Haushaltsführung stimmt. Drittens ist sie auf eine legitime und glaubwürdige EU-Politik angewiesen.

Die Mitgliedstaaten dagegen profitieren kaum davon, wenn sie von Subventionsbetrügern Geld zurückfordern und nach Brüssel zurücküberweisen. Allenfalls bei der Regionalförderung müssen sie darauf achten, dass kein Geld verschwindet, denn diese Projekte sind in der Regel kofinanziert, das heißt, die nationale Regierung legt für jeden Euro aus Brüssel einen eigenen dazu. Doch wenn Landwirtschaftsmittel veruntreut werden, hat jeder einzelne Mitgliedstaat nur einen mittelbaren Schaden. Auch an den Milliarden Euro, die durch Zollbetrug verloren gehen, stören sich die Länder weniger als Brüssel, denn Zolleinnahmen gehen zu hundert Prozent an die Gemeinschaft.

Der Interessenkonflikt wird sich wohl nie richtig lösen lassen: Wo mehrere Akteure zusammenspielen, gelten andere Spielregeln als für jeden Einzelnen. Es entsteht ein Dilemma, das Dilemma des kollektiven Handelns: Wenn Betrug effektiv bekämpft wird, fließt Geld in die Gemeinschaftskasse zurück – das nützt allen. Wenn Betrug jedoch toleriert wird, profitiert der einzelne Mitgliedstaat davon. Der Schaden durch Betrug ist eben für die EU-Länder weitaus geringer als für die Kommission.

Ein schlechtes Zeugnis bei der Bekämpfung von Misswirtschaft und Korruption stellt auch das Europaparlament den nationalen Regierungen aus. Ein Bericht vom Januar 2008, der nach dem zuständigen Berichterstatter Francesco Mussotto benannt ist, listet eine ganze Reihe von Schwachstellen auf.

Das fängt bei den Zahlen an. Wirklich zuverlässig sind die Betrugsstatistiken nicht, weil die EU-Mitglieder sehr unterschiedlich mit den Betrugsmeldungen umgehen. Ein Land, das keine Vorkommnisse meldet, ist nicht notwendigerweise frei von Betrug. Ein Land dagegen, das viele Fälle meldet, muss deshalb nicht komplett korrupt sein. Italien etwa liegt in der Kommissionsstatistik der Fälle ganz weit vorne: 237 Vorkommnisse meldete Rom im Jahr 2007 nach Brüssel. Nun ist richtig, dass Italiens dichtes Beziehungsgeflecht zwischen Politik und Wirtschaft mafiöse Strukturen begünstigt. Mit Sicherheit haben Mafia, N'Drangheta und Camorra bei der Erschleichung und Veruntreuung von EU-Mitteln häufig ihre Finger im Spiel. Doch Italien ist auch das einzige Land in Europa, das sich mit der traditionsreichen Guardia di Finanza eine eigene Finanzpolizei leistet. Deren Beamte tun nichts anderes, als Zollbetrüger und Mehrwertsteuerdiebe zu jagen – damit gehen ihnen auch viele Missetäter ins Netz, die versuchen, sich an den EU-Kassen zu bereichern.

Laut dem jährlichen Kommissionsbericht «Schutz der finanziellen Interessen» über Betrug vom Juli 2008 sind im Vorjahr insgesamt 11 454 Meldungen über «Unregelmäßigkeiten» aus den Ländern in Brüssel eingegangen – das ist die Sprachregelung, die alles umfasst, vom versehentlich falschen Ausfüllen von Formularen bis zum Betrug. Gemeldet werden muss alles, was über 10 000 Euro liegt. Insgesamt 1,4 Milliarden Euro Schaden umfassten die gemeldeten Fälle. Aus Angaben der Mitgliedstaaten sowie der Generaldirektionen sind davon etwa 310 Millionen Euro in betrügerischer Absicht veruntreut worden.

Gegenüber 2006 hat das geschätzte Schadensvolumen um zehn Prozent zugenommen, was kaum Grund zur Freude sein kann. Doch die Kommission vermerkt mit Optimismus, dass das Schadensvolumen gemessen am – ebenfalls gestiegenen – Haushalt stabil geblieben ist. Die Kommission freut sich ebenfalls darüber, dass 75 Prozent der Meldungen über die falsche oder betrügerische Verwendung von EU-Mittel über das elektronische «Anti Fraud Information System», kurz AFIS, eingehen. Allerdings fragt man sich, warum acht Länder dieses Programm, das seit 2001 im Einsatz ist, noch immer nicht nutzen, darunter Deutschland, Frankreich und Irland. Die einheitliche elektronische Sammlung von Daten kann zwar Betrug nicht verhindern, doch sie erleichtert zumindest die Aufarbeitung und Analyse der Informationen. Damit lassen sich Trends besser feststellen – und wenn man weiß, wo und wie am meisten betrogen wird, lässt sich auch gezielter dagegen vorgehen.

Ausgerechnet Deutschland behindert die Aufklärung «Die Qualität der gelieferten Daten aus Deutschland ist schlecht», erregt sich die Parlamentarierin Gräßle. Der Grund ist wieder einmal der Föderalismus. Das Bundesfinanzministerium muss nämlich die Meldungen aus den Bundesländern sammeln. Daraus basteln Beamte eine Excel-Tabelle und schicken diese nach Brüssel. Diese sei schwer zu verwerten, erklärt Gräßle, weil die Daten in unterschiedlichen Formaten eingetragen seien. Spanien wiederum schickt seine Meldungen in Papierform nach Brüssel. Gräßle hat daher im Namen des Haushaltskontrollausschusses die Kommission aufgefordert, ein Verfahren wegen

Vertragsverletzung gegen Deutschland und Spanien einzuleiten.

Auch in anderen Bereichen der Betrugsbekämpfung benimmt Deutschland sich nicht gerade wie ein Musterschüler. Berlin weigert sich, die Namen und persönlichen Daten von Personen und Firmen preiszugeben, die im Verdacht stehen, EU-Mittel hinterzogen zu haben. Der Grund: Datenschutz. Selbst die Betrugsjäger bei Olaf erfahren nicht die Namen der Betrüger, die mithilfe ihrer Ermittlungen gestellt wurden. So mussten in einem in Frankreich aufgeflogenen Fall von gepantschter Butter auch zwei deutsche Unternehmen Zuschüsse in Höhe von 150 000 Euro zurückzahlen – um welche es sich handelt, weiß man bei Olaf nicht. Betrüger können sich demnach hinter den Mauern des Datenschutzes verstecken. «Absolut inakzeptabel», nennt der Musotto-Bericht des Parlaments denn auch die Geheimniskrämerei. Gräßle und ihre Abgeordnetenkollegen haben daher die Kommission bereits aufgefordert, auch in diesem Fall ein Vertragsverletzungsverfahren gegen Deutschland einzuleiten.

Schlampig benehmen Deutschland und andere Länder sich auch bei den Meldefristen. In einem Fünftel der Fälle vergeht, moniert der Bericht der Kommission, zu viel Zeit zwischen Betrug und Meldung. Im Durchschnitt dauert es geschlagene 14 Monate, bis die Mitgliedstaaten eine Unregelmäßigkeit bei der Verteilung von Agrarmitteln melden, bei den Strukturfonds sind es elf Monate. Insgesamt vergehen durchschnittlich 39 Monate zwischen der Tat und der Meldung – «lächerlich», sagt Gräßle angesichts einer Verjährungsfrist von 60 Monaten. Dabei müssen die Mitgliedstaaten innerhalb von zwei Monaten nach Ende eines Quartals über eine Unregelmäßigkeit berichten. Doch nur 510 der insgesamt 1548 im Jahr 2007 gemeldeten Fälle kamen rechtzeitig. Deutschland etwa meldete in 99 von hundert Fällen später als die vorgesehene Frist. Deutlicher könnten die Mitgliedstaaten nicht zeigen, dass ihnen die Aufklärung von Unregelmäßigkeiten nicht wichtig ist, erzürnt sich Gräßle. Die lange Dauer erschwert es, gegen Schlamperei und Betrug vorzugehen. Den Vogel abgeschossen hat übrigens Österreich: Dort dauert es im Durchschnitt 3,4 Jahre zwischen dem Zeitpunkt der Entdeckung und der Meldung. Eine Strafe muss Wien dennoch nicht fürchten.

Als der Präsident des EU-Rechnungshofes im November 2007 vor den Haushaltskontrollausschuss des Parlaments trat, konnte er den Abgeordneten keine frohen Botschaften überbringen. «Die Überwachungs- und Kontrollsysteme in den Mitgliedstaaten», warnte der Österreicher Hubert Weber, «waren im Allgemeinen unwirksam oder nur bedingt wirksam, und ihre Funktionsweise wird von der Kommission nur in eingeschränktem Maße überwacht.» Im Klartext: Die Mitgliedstaaten handeln nicht, und die Kommission kann nichts dagegen tun. Ein vernichtendes Urteil, denkt man an die beschönigenden Worte der Kommission in ihrem Bericht, es gehe voran in der Betrugsbekämpfung.

Hubert Weber bezog sich dabei auf den Bericht des Rechnungshofes zum Haushaltsjahr 2006. Alljährlich, immer im November, veröffentlichen die Luxemburger Finanzkontrolleure ihr Urteil zu der Haushaltsführung der Kommission und geben dabei eine «Zuverlässigkeitserklärung» ab. In den EU-Verträgen ist vorgeschrieben, dass der Rechnungshof beurteilt, wie zuverlässig die Rechnungsführung der Kommission ist und ob die Jahresabschlüsse ein vollständiges und richtiges Bild der finanziellen Ergebnisse und der Aktiva und Passiva am Jahresende vermitteln. Außerdem stellt er fest, inwieweit die Einnahmen und Ausgaben – Hilfen an Landwirte, Zuschüsse für lokale Behörden oder Entwicklungshilfeprojekte – richtig berechnet wurden und mit den einschlägigen Vorschriften und Verordnungen im Einklang stehen.

Für den überwiegenden Teil der EU-Ausgaben senkte der Hof den Daumen, bereits im fünften Jahr in Folge. Das betraf die Agrarhilfen, die Strukturmittel, die internen Ausgaben wie Forschungsmittel und externe Ausgaben wie Entwicklungshilfe und die Unterstützung von Beitrittskandidaten. In Beamtendeutsch hieß das: «Für Recht- und Ordnungsmäßigkeit» gaben die Rechnungsprüfer erneut ein «negatives Prüfungsurteil» ab. In den genannten Bereichen wiesen die Zahlungen an die Begünstigten eine «wesentliche Fehlerquote» auf. Besonders hoch ist diese Fehlerquote bei den Regionalmitteln: Zwölf Prozent der Mittel hätten gar nicht ausgezahlt werden dürfen.

Als Ursachen für die Fehler nannte Hubert Weber «Fahrlässigkeit, unzulängliche Kenntnis der häufig komplexen Vorschriften sowie mutmaßliche Betrugsversuche zu Lasten des EU-Haushalts». Viel zu selten würden Zahlungsanträge, die ja überwiegend auf den Angaben der Antragsteller beruhen, kontrolliert – und wenn, dann seien die Kontrollen schlecht. Daher konnten die Antragsteller die Erstattung von Ausgaben beantragen, die gar nicht förderfähig sind, oder überhöhte Ausgaben melden. Häufig fehlten Belege, kritisieren die Rechnungsprüfer, oder die Antragsteller erfüllten nicht die Bedingungen für eine Förderung. In der mangelnden Kontrolle sah Weber denn auch den Hauptfehler, denn: «Grundvoraussetzung für eine wirksame Verwaltung der Haushaltsmittel der EU sind effiziente und zuverlässige interne Kontrollsysteme auf allen Verwaltungsebenen.» Und Weber schob eine deutliche Rüge an Kommission und Mitgliedstaaten nach: Die europäischen Bürger hätten ein Recht darauf, dass die EU-Mittel in der gesamten Union ordnungsgemäß verwaltet und kontrolliert würden.

Auch für den Haushalt 2007 mochte der Rechnungshof keine uneingeschränkte Zuverlässigkeitserklärung abgeben. Zwar lobten die Prüfer erstmals die verbesserte Buchführung der Kommission. Doch zugleich bemängelten sie, dass weiterhin Geld verschwendet wurde: Wie in den Vorjahren auch kam es bei den Regionalfonds zu den größten Unregelmäßigkeiten: Etwa elf Prozent des 42 Milliarden Euro umfassenden Topfes für 2007 hätten demnach nicht ausgezahlt werden dürfen. Auch bei der Verteilung der Agrarhilfen stellten die Prüfer zu viele Fehler fest.

Genauso wie die Mitgliedstaaten verpflichtet sind, ordentlich zu kontrollieren, müssten sie die erschlichenen Subventionen wieder zurückfordern und den Teil, der aus dem EU-Haushalt stammt, nach Brüssel zurücküberweisen. Im Fall der Agrarbeihilfen trifft das auf die gesamten Zuschüsse zu. Bei den Regionalmitteln gilt das Prinzip der «matching funds», wonach Brüssel nur einen Teil eines Projektes fördert und die Mitgliedstaaten den Rest zahlen. Allein für das Budgetjahr 2006 beträgt das Schadensvolumen im

Bereich der Regionalmittel 703 Millionen Euro. Davon müssen noch 266 Millionen Euro wiedereingezogen werden. Für die Vorjahre hat sich eine Summe von 762 Millionen angehäuft, welche die Mitgliedstaaten der EU noch schulden. Und bei den Heranführungshilfen für zukünftige Mitglieder stehen noch 14 Millionen Euro aus, das ist mehr als die Hälfte des Geldes, das unrechtmäßig verwendet wurde.

Im Budgetjahr 2007 meldeten die Mitgliedstaaten insgesamt 1548 Unregelmäßigkeiten im Agrarbereich nach Brüssel. Doch in nur einem von zehn Fällen gaben die Mitgliedstaaten Auskunft darüber, ob sie eine Strafe verhängen würden oder nicht. Insgesamt 1,4 Milliarden Euro hätten sie am Ende des Haushaltsjahres 2007 an fehlerhaft ausgezahlten Zuschüssen für die Landwirtschaft einziehen und nach Brüssel zurücküberweisen müssen. Gerade einmal gut ein Zehntel dieser Summe – 154 Millionen Euro – forderten die Länder tatsächlich von Subventionsempfängern zurück. 166 Millionen Euro erklärten sie schlichtweg für «nicht rückholbar».

Die Laxheit im Umgang mit den EU-Mitteln ist skandalös. Eine Erklärung könnte sein, dass die Mitgliedstaaten der Meinung sind, dass ihnen als Financiers die Subventionen zustehen. Sie betrachten das Geld als ihr rechtmäßig erworbenes Kapital, wozu es also nach Brüssel zurücküberweisen? Die schwache Zahlungsmoral ist umso bedenklicher, als seit Anfang der Neunzigerjahre die Verordnung Nummer 595/91 gilt: Sie erlaubt es den Mitgliedstaaten, ein Fünftel der einbezogenen Beträge selbst zu behalten, was den Anreiz erhöhen sollte, Betrug aufzudecken und veruntreute Subventionen zurückzufordern.

Haushaltskontrolleurin Ingeborg Gräßle diagnostiziert sogar «schwere Rückschläge» im Kampf gegen die Korruption in den Mitgliedstaaten: Ende August machte die Regierung Berlusconi das italienische Hochkommissariat zur Korruptionsbekämpfung dicht, das erst vor wenigen Monaten von Vorgänger Romano Prodi eingerichtet worden war. Das Amt war auch für die Zusammenarbeit mit der EU wichtig. Lettland hat ebenfalls, kritisiert Gräßle, fast gleichzeitig seinen obersten Korruptionskämpfer abberufen. Er hatte sich mit Untersuchungen zur Parteienfinanzierung unbeliebt gemacht. Rumänien hat, wie bereits erwähnt, das Mandat seines renommierten Leiters der Nationalen Antikorruptionsagentur DNA nicht verlängert, obwohl die Kommission ihm mehrmals ihr Vertrauen aussprach und Rumänien wegen Unregelmäßigkeiten mit EU-Geldern unter besonderer Beobachtung steht.

«Ein beispielloses Rollback im Kampf gegen die Korruption», urteilt Gräßle, die als Berichterstatterin im Haushaltskontrollausschuss für die Überarbeitung des Olaf-Statuts zuständig ist. Das «dreiste Vorgehen der Mitgliedstaaten» sei nur möglich, weil die EU-Kommission das Thema Korruption nicht ernst genug nehme. Gerade die im Umgang mit EU-Geldern nachlässigsten Mitgliedstaaten tanzten der Kommission auf der Nase herum, ist Gräßle überzeugt.

Die Betrugsjäger von Olaf müssen oft genug machtlos zuschauen. «More watch than dog», höhnt Buchautor Neuhann: Das Amt, das eigentlich der Wachhund der Europäischen Union sein soll, ist häufiger Zaungast als Spieler. Der Journalist Hans-Martin Tillack bezeichnet Olaf sogar als «Teil des Problems» bei der Bekämpfung von Korruption und Betrug. Nun fühlt Tillack sich als Opfer von Olaf: Der Stern-Reporter wurde, wie im vorherigen Kapitel geschildert, verdächtigt, Olaf-Mitarbeiter bestochen zu haben, um an ein geheimes Papier zu gelangen. Tillack mag deshalb übertreiben, wenn er Olaf schleppende Untersuchungen und sogar Vetternwirtschaft bei der Besetzung von Direktorenposten vorwirft. Doch fest steht, dass die Antibetrugsbehörde unter einer ganzen Reihe von Schwachstellen leidet.

Eines der größten Defizite ist mit Sicherheit, dass Olaf eine Dienststelle der Kommission und damit Verwaltungskommissar Siim Kallas unterstellt ist. Das muss Olaf und seinen Direktor Franz-Hermann Brüner zwangsläufig in Konflikte bringen – wer würde schon seinen Dienstherrn kritisieren? Auch die «internen Untersuchungen» – Ermittlungen also innerhalb der EU-Institutionen – können heikel werden, wenn Kommissionsbeamte unter Verdacht stehen. Naturgemäß freut sich die Kommission nicht darüber, wenn Olaf-Ermittler Korruption und Betrug im Berlaymont-Gebäude aufspüren.

Olaf darf zwar ermitteln, wann immer der Generaldirektor einen Hinweis für verfolgungswürdig hält. Doch eigene Recherchen innerhalb von EU-Einrichtungen sind kaum möglich, weil Olaf keinen freien Zugang zu den Datenbanken der Kommission hat. Um ein Beispiel zu nennen: Bei Olaf geht ein Hinweis darauf ein, dass der Mitarbeiter einer EU-Delegation Bestechungsgeld angenommen hat. Als Erstes würde der Ermittler überprüfen, ob der Verdächtigte tatsächlich zum Zeitpunkt der Tat von der Kommission angestellt war. Was normalerweise in ein paar Minuten erledigt wäre, kann Tage dauern, wie ein Olaf-Mann verrät. Denn Olaf kann nicht einfach in der Personaldatenbank der Kommission nachforschen, sondern muss eine formale Anfrage bei der Personalabteilung stellen. Wichtig für eine effektive Betrugsbekämpfung wäre nach Meinung von Olaf-Mitarbeitern auch der Zugang zu der Vertragsdatenbank der Generaldirektion Entwicklung, in der Informationen über den Geldfluss in der Entwicklungshilfe oder den Fonds für zukünftige Mitglieder gespeichert sind. Denn der Betrug an diesen Mitteln hat in den vergangenen Jahren stark zugenommen.

Man muss vermuten, dass die Kommission verhindern will, dass Olaf «fishing expeditions» unternimmt, also herumschnüffelt oder gezielt recherchiert, um Betrugsfälle aufzudecken. Die Furcht der EU-Verwaltung dürfte jedoch aus ganz pragmatischen Gründen grundlos sein: Für gezielte Aktionen «haben wir gar nicht die Leute», höhnt ein Olaf-Mann, das Amt arbeite ohnehin am Anschlag.

Schwach ist Olaf auch deshalb, weil es keine strafrechtlichen Ermittlungen führen kann – es fehlen dem Amt die Befugnisse, wie eine Hausdurchsuchung zu machen oder Vermögen einzufrieren. Die Betrugsbekämpfer sind deshalb immer auf die nationalen Behörden angewiesen, die jedoch oft genug Anfragen verschleppen.

Dass es auch anders geht, zeigt das Beispiel der «Independent Commission Against Corruption», welche Mitte der Siebzigerjahre in Hongkong gegründet wurde. Das geschah auf Druck der Bevölkerung, die die Korruption in der damaligen Kronkolonie nicht mehr hinnehmen wollte. Die ICAC gilt auch deshalb als besonders erfolgreich, weil sie viel Arbeit in die Prävention und Aufklärung investiert hat. Oder das Beispiel des Serious Fraud Office in Großbritannien, das 1988 als unabhängige Agentur der britischen Strafverfolgungsbehörden gegründet wurde und in besonders schweren Fällen ermittelt. Das SFO kann die Herausgabe von Dokumenten verlangen oder von Banken Informationen erhalten. Außerdem hat es die Macht, Ermittlungen durchzusetzen. Wenn etwa vorgeladene Betroffene nicht erscheinen, dann machen sie sich einer Straftat schuldig. Wenn dagegen eine verdächtige Firma mit Olaf nicht zusammenarbeiten will, dann muss sie in der Regel keine Strafe fürchten. Olaf, der Watchdog, ist ein zahnloser Hund.

Kläffen tut Olaf dennoch. Kritiker monieren, dass die Verordnungen, welche die Spielregeln von Olaf festlegen, keine Sicherungen enthalten. So ist nirgends festgelegt, welche Rechte die Betroffenen bei Ermittlungen genießen – dass eben die Unschuldsvermutung gilt, dass die Privatsphäre respektiert werden muss wie auch die Pressefreiheit, gegen die im Fall Tillack massiv verstoßen wurde. Auch der Olaf-Überwachungsausschuss, eine Art Aufsichtsrat der Behörde, stört sich an deren allzu forscher Praxis: Die derzeitige Funktionsweise stelle ein «nicht unerhebliches Risiko für den Schutz der Grundrechte der von einer Untersuchung betroffenen Person» dar, heißt es in einer Stellungnahme aus dem Jahr 2003.

In seiner umfangreichen Untersuchung über die Kompetenzen von Olaf hat Florian Neuhann versucht, den Zwitterstatus des Amtes und seine Konsequenzen zu ergründen. Abhängig-unabhängig nennt Neuhann die Antibetrugbehörde, die seiner Meinung nach einen rechtlich einmaligen Status besitzt. Abhängig deshalb, weil sie zur Kommission gehört, unabhängig, weil sie dennoch zugleich eigenständig ermitteln kann. Problematisch daran ist, dass das Abschreckungspotenzial von Olaf schwindet, weil Insider – vor allem die Beamten der EU-Organe –, aber auch die Öffentlichkeit die Unabhängigkeit von Olaf nicht wirklich ernst nehmen, sondern das Amt als Feigenblatt der Kommission empfinden. Damit aber werde, warnt Neuhann, die Unabhängigkeit zu einer gefühlten Unabhängigkeit, und das Vertrauen in die

Schlagkraft von Olaf sinkt – auch wenn dessen Leute in Wirklichkeit unabhängig ermitteln können und nicht dem Druck der Kommission ausgesetzt sind.

Wenig förderlich für das Image von Olaf war auch die Wiederernennung von Franz-Hermann Brüner – ganz unabhängig von dessen Kompetenz. Der Generaldirektor kann von der Kommission – nach Abstimmung mit Parlament, Rat und Überwachungsausschuss – für eine zweite fünfjährige Amtszeit bestellt werden. Dass die Kommission letztlich entscheidet, ist ungut. Denn ein Chef, der nochmals antreten will, wird sich bemühen, möglichst konform zu handeln. Genau das aber sollte der oberste Ermittler in Betrugsfällen nicht tun – von ihm erwartet man hundertprozentige Unabhängigkeit.

Über Brüner schieden sich lange Zeit die Geister. Die einen hielten den jovialen ehemaligen Münchner Staatsanwalt für zu harmlos. Sie warfen ihm auch die schleppenden Untersuchungen über die schwarzen Kassen beim EU-Statistikamt Eurostat vor, ebenso wie seinen unsensiblen Umgang im Fall Tillack. Die anderen dagegen lobten, dass Brüner gegen Widerstände aus der Kommission Olaf zu einer schlagkräftigen Organisation aufgebaut habe. Er habe die Ermittlungen zum Laufen gebracht, bescheinigte ihm sogar die grüne EU-Abgeordnete Heide Rühle.

Doch als Brüners Stelle erneut ausgeschrieben wurde, kam der gebürtige Hannoveraner nur auf Platz drei der Liste. Unter den Mitgliedstaaten waren etliche gegen Brüner, weil bereits ein Deutscher die europäische Polizei Europol leitete. Das Parlament nominierte zwei andere Kandidaten, obwohl viele Abgeordnete befürchteten, ohne den erfahrenen Ermittler Brüner könnte das Amt geschwächt werden. Das Auswahlverfahren geriet zu einer langwierigen und undurchsichtigen Angelegenheit, die Gemengelage der Interessen war verworren. Zum Schluss wurde Brüner doch erneut gekürt.

Um das Image von Olaf aufzupolieren und zu belegen, dass die Union es ernst meint mit der Betrugsbekämpfung, werden die Mitgliedstaaten über kurz oder lang Olaf von der langen Leine der Kommission lassen müssen. Die Behörde muss autonom werden, vor allem muss sie über ihr Budget verfügen können.

Derzeit muss Generaldirektor Brüner noch um jede Stelle kämpfen.

Olaf muss den Ruf eines beinharten Korruptionsverfolgers bekommen, des Saubermanns Europas, der die Verfolgung von Fehlverhalten innerhalb der EU-Organe ebenso rigoros verfolgt wie die Betrugsfälle in den Mitgliedstaaten.

Fairerweise muss man erwähnen, dass die Zahl der internen Untersuchungen innerhalb der vergangenen Jahre stark gestiegen ist: von 20 Fällen in 2004 auf 35 Fälle in 2007. Das zumindest ist gut für das Image von Olaf, denn in den ersten Jahren nach seiner Gründung schien es, als ob das Amt sich davor drückte, Korruption und Misswirtschaft in den eigenen Reihen zu verfolgen. Zumindest die schleppenden Recherchen im Fall um die schwarzen Kassen von Eurostat ließen darauf schließen. Das Parlament jedenfalls mahnte im März 2004 an, Olaf solle sich verstärkt auf interne Untersuchungen konzentrieren. Auch heute hält Herbert Bösch, Vorsitzender des Haushaltskontrollausschusses, die internen Untersuchungen für «entscheidend», selbst wenn das die «unangenehmen» seien.

Insgesamt 15 von 100 Ermittlern widmen sich inzwischen den internen Fällen. Das sind viel zu wenige, sagen Kritiker wie der niederländische Abgeordnete Paul van Buitenen. Tatsächlich müssen die Ermittler wohl eine Balance finden zwischen externen und internen Untersuchungen. Erstere sind wichtig, weil die konsequente Aufklärung von Betrug in den Mitgliedstaaten weitere Täter abschreckt. Interne Betrugsfälle aber beschädigen in besonderem Maße die Glaubwürdigkeit der Europäischen Union – und müssen daher auch brutalstmöglich aufgeklärt werden.

Olaf sollte eigentlich mit anderen europäischen Stellen zusammenarbeiten – doch die Kooperation mit Eurojust und Europol gestaltet sich schwierig. Europas Justiz- und Polizeibehörden sind immer dann gefragt, wenn mehrere Mitgliedstaaten an einer Straftat beteiligt sind. Eurojust (auch: Europäische Einheit für justizielle Zusammenarbeit) arbeitet seit 2002 in Den Haag. Die unabhängige Justizbehörde kümmert sich um Strafverfahren, die mehrere Länder betreffen. Sie soll außerdem die Arbeit der nationalen Justizbehörden Europas vor allem im Bereich der grenzüberschreitenden organisierten Kriminalität, des Terrorismus, Waffen- und Drogenhandels oder Kinderpornografie koordinieren und den Informationsaustausch zwischen den nationalen Justiz- und Polizeibehörden verbessern. Ebenfalls in Den Haag residiert Europol, die – ähnlich wie Eurojust auf Justizebene – die grenzüberschreitende Arbeit der nationalen Polizeien koordiniert. Das heißt, immer dann, wenn Schmugglerbanden Waren über Grenzen verschieben und dabei Zoll oder Mehrwertsteuer unterschlagen oder Betrügerkartelle EU-Subventionen im großen Stil in mehreren Ländern erschleichen, sollten neben Olaf im Prinzip auch Europol und Eurojust aktiv werden.

«Mangelnde Kommunikation» zwischen den drei Ämtern Olaf, Eurojust und Europol, diagnostiziert die EU-Parlamentarierin Gräßle, die in einem «Arbeitsdokument» vom Juni 2008 die Arbeit von Olaf bewertet und mögliche Reformen vorgeschlagen hat. Sie befürwortet, dass Olaf eine Art Koordinationsaufgabe übernimmt für die Fälle, bei denen im Prinzip alle drei Behörden mitreden können. Ansonsten muss man ein Kompetenzgerangel fürchten, das die Arbeit nur lähmt. Schon jetzt schaut man sich argwöhnisch auf die Finger: Eurojust wolle auch Betrugsfälle bearbeiten, heißt es bei Olaf hinter vorgehaltener Hand. Mit Sicherheit wird man die Arbeit der drei EU-Behörden genauer definieren müssen, wenn es einmal einen Europäischen Staatsanwalt geben wird, der dann in allen Mitgliedstaaten Anklage erheben kann.

Eurojust und Europol gehören zu der «dritten Säule» der EU, welche die polizeiliche und justizielle Zusammenarbeit regelt. Manche Szenarios gehen davon aus, dass Olaf und Europol vereinigt werden könnten – was nach den derzeitigen Verträgen nicht möglich ist, weil Olaf als Teil der Kommission zur «ersten Säule» (Europäische Gemeinschaften) gehört. Olaf könnte auch direkt einem zukünftigen EU-Staatsanwalt unterstellt werden, die Olaf-Ermittler wären dann Beamte der Staatsanwaltschaft. Das freilich sind Gedankenspiele, zumindest solange es keinen gemeinsamen Staatsanwalt gibt. Der Vertrag von Lissabon – früher Europäische Verfassung genannt – sieht vor, dass ein solcher Posten geschaffen werden kann, wenn alle Mitgliedstaaten zustimmen. Wann der Vertrag in Kraft treten wird, ist jedoch unklar, nachdem die Iren ihn bei einer Volksabstimmung im Sommer 2008 abgelehnt haben.

Mittelfristig jedoch liegen die Probleme weniger bei Olaf als bei den EU-Ländern. Sie sind es, die Olaf ausbremsen und den Ermittlern die Arbeit schwer machen.

Das fängt an bei den Meldungen der Mitgliedstaaten. Weil sie, wie bereits beschrieben, Unregelmäßigkeiten so spät melden, können Betrüger häufig nicht mehr belangt werden. Dann kann Olaf zwar ermitteln, doch Konsequenzen hat das nicht – «der Fall ist verjährt», heißt es oft genug.

Übrigens leidet auch Europas Polizei Europol am schlechten Datenaustausch zwischen den Mitgliedsländern, wie ein Bericht des britischen Oberhauses vom November 2008 bemängelte. Zwar tauschten sich die Europol-Beamte untereinander aus, doch das geschehe fast immer inoffiziell, kritisierten die Lords. Eine Folge ist, dass Informationen über Straftaten und Verbrecher aus den Ländern nicht in die gemeinsame Datenbank einfließen. «Die Mitgliedstaaten vertrauen sich nicht», sagt auch Andreas Maurer von der Berliner Stiftung Wissenschaft und Politik. Eine gute Vertrauensbasis gebe es nur bei den nationalen Beamten, die über mehrere Jahre hinweg bei Europol arbeiteten. Vor allem Deutschland neige dazu, Europas Polizei gering zu schätzen, so Maurer, weil man ungern eine Organisation akzeptiere, die den Bundesbehörden übergeordnet ist.

Verspätete Meldungen, unvollständig übermittelte Daten auf Papier wie im Fall Spaniens, der deutsche Datenschutz, der es verhindert, dass die Namen der Betrüger nach Brüssel gemeldet werden – die Liste der Verzögerungs- und Verhinderungstaktiken seitens der Mitgliedstaaten ist lang.

Auch erschweren lokale Behörden gerne die Beweisaufnahme. So wollten Olaf-Ermittler in einem Mitgliedsland (inoffiziellen Angaben zufolge handelte es sich um Deutschland) einem Verdacht wegen Unterschlagung von Mitteln aus dem Sapard-Programm für Beitrittskandidaten nachgehen. Sie baten das zuständige Ministerium um Unterstützung bei einer Kontrolle vor Ort. Diese wurde ihnen prompt verweigert – mit dem Hinweis, Olaf dürfe nicht kontrollieren, was nach EU-Recht nicht stimmt. Als die Fahnder dennoch die Räume einer Firma inspizieren wollten, empfing der Geschäftsführer sie mit dem Hinweis, das Ministerium habe ihn bereits informiert. Die Verhinderungstaktik war kein Einzelfall: «Begrenzte Unterstützung oder gar Verweigerung» hat Gräßle bei vielen Untersuchungen festgestellt, obwohl die Mitgliedstaaten verpflichtet sind, Olaf zu unterstützen.

Olaf erfährt auch häufig nicht, was aus einem Fall wird, bei dem das Amt keine eigene Untersuchung einleitet. Trotzdem würde es der Verhinderung weiterer Straftaten dienen, wenn das Amt über den Fortgang eines Falls informiert würde, den es den nationalen Behörden zur Strafverfolgung übergeben hat. «Deutlicher können die Mitgliedstaaten nicht zeigen, dass ihnen die Aufklärung von Unregelmäßigkeiten nicht wichtig ist», sagt Gräßle. «Wie kann Olaf seine Arbeit tun, ohne zum Beispiel Namen zu kennen?», fragt sie sich. Sie verlangt daher, dass die Kommission Buch führt über die Mitgliedstaaten und deren Willen oder Unwillen zur Zusammenarbeit.

Die Verschwendung von Mitteln, unrechtmäßig verwendete Subventionen sowie Betrug lassen sich kaum vermeiden. Das liegt am Brüsseler Haushalt: Er besteht zu 95 Prozent aus Hilfen und Subventionen. Das macht ihn anfällig für Betrug. Wenn außerdem das Geld in Brüssel verwaltet wird, vier Fünftel aber in den Mitgliedstaaten ausgegeben werden, erleichtert das den Betrug. Je offener der europäische Markt wird, umso einfacher haben es auch Kriminelle. Sie nutzen die offenen Grenzen. Polizei und Justiz dagegen bleiben national, was Ermittlern die Arbeit erschwert.

Umso wichtiger ist, dass die EU konsequent gegen Betrug vorgeht. Die Stimmung gegenüber Europa ist ohnehin schlecht – die schnelle Erweiterung, die Furcht, von der Globalisierung überrollt zu werden, das Misstrauen gegen ein politisches System, das wegen seines multinationalen, fein austarierten Interessenausgleichs schwer durchschaubar ist: Das alles schürt die Feindseligkeit gegenüber Brüssel. Betrug und Korruption sind nicht gerade angetan, die Stimmung zu verbessern, im Gegenteil. Bis heute ist die Kommission den Ruf nicht losgeworden, ein Refugium für gut bezahlte, faule, wenn nicht gar korrupte Beamte zu sein. Der

Kampf gegen Misswirtschaft, Lobbyismus und Betrug ist deshalb eine der wichtigsten Aufgaben der EU. Wenn dieser Kampf konsequent geführt wird, kann damit ein Stück Vertrauen der Bürger in Europa zurückgewonnen werden.

Schluss

Je größer und mächtiger die EU wird, desto weniger scheint man sie zu lieben. Europas Krise hat viele Ursachen, eine gewichtige ist mit Sicherheit die mangelnde Glaubwürdigkeit Brüsseler Politik. Da will die EU stärkste Wirtschaftsmacht des Globus werden, zugleich fließt aber mehr Geld in Kuhställe und Golfplätze als in Hightechfirmen und Forschungslabors. Europa soll transparent für seine Bürger sein, doch Britenrabatt, Rotterdamregel und viele Sonderzulagen machen den Haushalt undurchschaubar.

Obendrein verschwinden aus der gemeinsamen Kasse jährlich Milliarden von Euro: Europas Haushalt ist betrugsanfällig.

Brüssel verteilt Jahr für Jahr etwa 130 Milliarden Euro. Absolut gesehen, ist das sehr viel Geld, immerhin fast halb so viel, wie Deutschland ausgibt. Gemessen an der Größe der Union mit ihren fast 500 Millionen Menschen, ist die Summe jedoch bescheiden, bedenkt man die großen Aufgaben der Union: Die Lebensverhältnisse in Europa sollen sich angleichen – den Rumänen und Bulgaren soll es einmal so gut gehen wie den Deutschen und Franzosen. Zudem will die EU sich mit den großen Volkswirtschaften wie USA und China messen. So gesehen, ist das eine Prozent, das die Mitgliedstaaten aus ihren Etats für Brüssel abzweigen, nicht rasend viel.

Doch selbst dieses eine Prozent scheint oft genug schlecht angelegt zu sein, Europa wirtschaftet falsch. 55 Milliarden Euro jährlich fließen noch immer in den Agrarbereich. Wer glaubt, dass davon der Almbauer in den Alpen profitiert, der seine Wiesen mäht und so die hübsche Landschaft pflegt, der irrt. Absahnen tun ganz andere: Die Lebensmittelkonzerne, die Beihilfen erhalten, damit sie überschüssige Produkte aufkaufen; die reichen Großgrundbesitzer, die sich häufig zum Spaß ein Landgut halten und die Brüsseler Beihilfen nicht nötig hätten; die Großbetriebe, die die flachen Felder in Ostdeutschland gewinnbringend bewirtschaften. Ein Drittel der Landwirtschaftshilfen fließt an gerade einmal ein Prozent der bäuerlichen Betriebe, vier Fünftel der Bauernschaft muss sich ein weiteres Drittel der Subventionen teilen. Diese kleinen Landwirte kratzen weiterhin am Existenzminimum, auch wenn die Preise für Milch und Weizen gestiegen sind.

Stattdessen kommen nun in den Genuss der Beihilfen zahlreiche Golfplätze, Freizeitclubs und Reitvereine, Eisenbahngesellschaften und Gemeinden. Sie erhalten Agrarzahlungen dafür, dass sie Parks und Grünflächen pflegen. Darüber hinaus werden so absurde Dinge unterstützt wie spanische Baumwolle, die Unmengen an Wasser braucht und auf dem Weltmarkt ohnehin nicht gewinnbringend verkauft werden kann, oder der Export von Schweinefleisch nach Westafrika, wo die heimischen Viehzüchter unter der Konkurrenz aus Europa leiden.

Der andere große Topf des EU-Haushalts heißt «Regionalförderung». Mit 53 Milliarden Euro jährlich greifen die reichen Ländern den bedürftigen unter die Arme, nach dem Prinzip «Integration durch Solidarität»: Europa soll zusammenwachsen. Was in der Theorie gut klingt, hat sich in der Praxis zu einem zuweilen absurden Geldkreislauf entwickelt. Denn die Mitgliedstaaten achten peinlichst auf das Prinzip des «juste retour», des gerechten Rückflusses von Mitteln. Auch reiche Länder wie Deutschland schaffen es, sich einen Teil des Geldes zu sichern – für Nordrhein-Westfalen etwa, das sich nur zögernd von der Kohleförderung trennt, oder für die neuen Bundesländer. Dort werden mit EU-Geld Straßen repariert, Spaßbäder hochgezogen und Skatingbahnen gebaut. Viele Volkswirte zweifeln daran, dass die Subventionen tatsächlich ihren Zweck erfüllen und den Lebensstandard erhöhen, indem sie Jobs schaffen. Es handelt sich wohl eher um eine «optimale Ausschöpfung als um eine gut durchdachte Entwicklungsstrategie», kritisiert auch der EU-Rechnungshof. Viele Regionen Europas sind trotz milliardenschwerer Unterstützung durch Brüssel arm geblieben, die Subventionen sind größtenteils verpufft. Wo allerdings in die Ausbildung von Menschen investiert wird statt in Beton, geht es voran – wie das Beispiel Irlands zeigt, das die üppigen Regionalmittel eben nicht in den Straßenbau, sondern in seine Schulen und Universitäten gesteckt hat.

Jahr für Jahr kritisieren Europas oberste Rechnungsprüfer den Haushalt der EU. Viel zu viel Geld wird unrechtmäßig verwendet, im Bereich der Regionalförderung dürften sogar zwölf Prozent der Mittel nicht ausbezahlt werden. Der Gemeinschaftshaushalt ist im hohen Maße betrugsanfällig, was mehrere Gründe hat. Erstens werden die Mittel aus der Brüsseler Kasse größtenteils als Subventionen ausbezahlt, und Subventionen verleiten nun einmal zum Betrug. Zweitens ist die Kommission dafür verantwortlich, dass der Haushalt korrekt ausgeführt wird, obwohl die Mitgliedstaaten vier Fünftel des Geldes ausgeben. Diese geteilte Verantwortung führt letztlich dazu, dass niemand sich richtig verantwortlich fühlt – das fördert Missbrauch. Drittens macht die EU es Betrügern leicht, indem sie die Grenzen für Waren öffnet, zugleich aber die Verfolgung von Straftätern erschwert: Kontrollen und Ermittlung sind nach wie vor in nationaler Hand.

Immerhin wird man in Zukunft wissen, wer in den Genuss von Subventionen kommt. Spätestens Ende 2009 müssen die Mitgliedstaaten veröffentlichen, wer größere Agrarbeihilfen und Mittel aus den Regionalfonds erhält. Als wollten sie die üppigen Subventionen aus Brüssel verheimlichen, hatten nationale Politiker die Geheimniskrämerei verteidigt und bislang verhindert, dass die EU-Bürger erfahren, wen sie mit ihren Steuern unterstützen. Wenn endlich bekannt ist, wofür die EU Geld ausgibt, dann könnte auch die überfällige öffentliche Debatte über dringend notwendige Reformen des Haushalts in Gang kommen.

Von Reformen spricht die Kommission viel, die Ergebnisse sind jedoch mager. Längst ist offensichtlich, dass die derzeitige Ausgabenpolitik hoffungslos anachronistisch ist. Nach dem heftigen Streit um den Haushaltsplan 2007 bis 2013 hatten die Länder zumindest zugestimmt, dass man über Reformen redet. Das Agrarbudget wurde einem «Gesundheitscheck» unterzogen. Doch statt das marode System grundlegend zu therapieren, hat man nur ein bisschen an den Symptomen herumgedoktert: Die Subventionen für Großbetriebe wurden gekürzt, die Milchquote soll irgendwann verschwinden. Bei der Regionalförderung hat man sich einen besonders genialen Trick einfallen lassen: Die Mittel für bedürftige Regionen müssen in Zukunft «lissabonkonform» sein, das heißt, sie müssen die Lissabon-Ziele von mehr Wachstum und Beschäftigung erfüllen. Das aber sind derart vage Vorgaben, dass sich damit fast jede Subvention rechtfertigen lässt.

Wem gehört das Geld in der Brüsseler Kasse? Das ist letztlich die Grundsatzfrage. Es ist «unser» Geld – davon sind zumindest die EU-Länder überzeugt und wollen deshalb bestimmen, wie die Mittel ausgegeben werden. Sie pochen auf das Subsidiaritätsprinzip, wonach im Zweifel die Mitgliedstaaten verantwortlich sind, und sagen: Wir wissen besser, wo das Geld gebraucht wird.

Es ist europäisches Geld, ist die Kommission dagegen überzeugt. Sie würde gerne stärker kontrollieren, wohin die Mittel fließen und ob sie richtig ausgegeben werden. Die EU steckt in einem Dilemma, das sich kaum auflösen lässt. Solange die Mitgliedstaaten auf ihre eigenen Interessen schielen, wird die EU selten an einem Strang ziehen. Große Ziele sind nur mit einem gewissen Maß an Zentralismus zu schaffen. Die Schulpolitik im föderalen Deutschland ist ein gutes Beispiel dafür: Erst als die rot-grüne Regierung den Ländern ein Ganztagsschulprogramm verordnete und Geld dafür spendierte, wurden mehr Schulen mit Nachmittagsbetreuung gebaut.

Letztlich wird man wohl nicht darum herumkommen, die Finanzen der EU völlig neu zu organisieren. Es wäre schon ein großer Fortschritt, wenn mehr Geld in Form günstiger Kredite statt als Subventionen fließen würde. Darlehen schonen die öffentlichen Finanzen und stärken das Verantwortungsgefühl: Ein Unternehmer, der sich das Geld leihen muss, statt es einfach nur geschenkt zu bekommen, wird sorgsamer damit umgehen und keine falschen Abrechnungen nach Brüssel schicken. Viele Projekte, die jetzt aus der Regionalförderung bezahlt werden, könnten von Beihilfen auf Kredite umgestellt werden. Zum Beispiel wird derzeit viel Geld für die Wärmedämmung von Häusern in die neuen Mitgliedstaaten gepumpt. Diese riesigen Renovierungsprojekte ließen sich ohne Weiteres auf Darlehensbasis finanzieren.

Es gab einmal einen Professor André Sapir. Der belgische Ökonom hatte 2003 Reformvorschläge gemacht und die politische Kaste in Brüssel für ein paar Wochen elektrisiert: Regionalhilfe sollte es nur noch für ganz arme Länder geben, und die Mitgliedstaaten sollten sich wieder selbst um ihre Bauern kümmern. Brüssel sollte Geld vornehmlich in Bildung und Forschung stecken und große strategische Projekte wie das Satellitensystem Galileo finanzieren. Realpolitisch sind Sapirs Vorschläge wegen der großen Beharrungskräfte nur schwer umzusetzen. Doch vermutlich wird man einen solchen radikalen Schnitt brauchen, um aus dem Automatismus von purer Umverteilung auszubrechen. Finanzieren ließe sich die Regionalhilfe für bedürftige Mitgliedstaaten über einen Nettofonds: Jedes EU-Land würde nur noch die Summe nach Brüssel überweisen, welche der Differenz zwischen dem Beitrag und dem Rückfluss – dem Nettobetrag der EU-Mittel also – entspräche. Das wäre eine Art europäischer Länderfinanzausgleich.

Viele Experten sind auch dafür, den EU-Haushalt ganz anders zu alimentieren. Eine eigene Steuer könnte die Kommission unabhängiger von den Mitgliedstaaten machen. Die Abgabe, die entweder auf Tabak, Alkohol oder die eingenommene Mehrwertsteuer erhoben würde, könnte direkt in die Brüsseler Kasse fließen. Bisher finanziert sich die EU aus einer komplizierten Mischung aus Zolleinnahmen sowie einer prozentualen Abgabe vom Bruttonationalprodukt und Mehrwertsteuern ihrer 27 Mitglieder. Diverse Ausnahmen wie der Britenrabatt machen das System der Einnahmen unübersichtlicher. Würde sich die EU dagegen einzig aus einer eigenen Steuer finanzieren, wären die Einnahmen transparent, und jeder Steuerzahler wüsste, wie viel die EU ihn kostet. Der Druck, ordentlich zu wirtschaften, wäre größer, denn die Öffentlichkeit würde sofort bemerken, wenn Regierungen, Kommission und Parlament die Steuer erhöhten.

Brüsseler Politik soll transparenter werden – auch das war eines der großen Ziele der Kommission von José Manuel Barroso. Seitdem Barrosos Vorvorgänger Jacques Santer und sein Team abtreten mussten, steckt die Kommission in einer Glaubwürdigkeitskrise. Doch weder Santers Nachfolger Romano Prodi noch Barroso haben es geschafft, dass die EU-Bürger wieder mehr Vertrauen in die Kommission haben.

Brüssel gilt als Hauptstadt der Lobbyisten, schätzungsweise 15 000 Interessenvertreter tummeln sich dort. Die komplizierte EU-Politik ermöglicht es ihnen, vielfältig Einfluss zu nehmen: Lobbyisten können bei den Generaldirektionen der Kommission ansetzen, wo Gesetzesentwürfe geschrieben werden. Sie können Parlamentarier vor einer Abstimmung beeinflussen. Schließlich bleibt ihnen noch der Weg über den Ministerrat, der das letzte Wort hat. Die Kommission nutzt gerne den Sachverstand von Lobbyisten: Diese informieren die EU-Beamten direkt oder sitzen als Experten in den vielen tausend Komitees, die an der Ausarbeitung von Verordnungen beteiligt sind.

Das Ungleichgewicht der Interessen ist frappierend: Industrie und Wirtschaft sind ungleich stärker vertreten als gesellschaftliche Gruppen, welche das Wohl von Umwelt und Verbrauchern verfolgen. Vor allem die Autoindustrie nutzt ihre Machtposition gnadenlos aus. Höchst diskret sorgte sie dafür, dass unsinnige Quoten für Biosprit beschlossen wurden, obwohl der alternative Treibstoff nur dazu diente, weiterhin Autos mit hohem CO_2-Ausstoß zu bauen. Und bevor das EU-Parlament im Herbst 2008 über strengere Kohlendioxidrichtwerte abstimmte, sahen sich die Abgeordneten einem wahren Trommelfeuer der Autolobbyisten ausgesetzt.

Nur sehr zögerlich schaffen die EU-Institutionen mehr Transparenz: Das Parlament hat schärfere Regeln für Lobbyisten beschlossen, und in Zukunft soll man zurückverfolgen können, wer in welchem Stadium eines Gesetzgebungsverfahrens Einfluss genommen hat. Doch es bleiben immer noch jede Menge Schlupflöcher: Anwaltskanzleien müssen die Namen ihrer Mandanten nicht offenlegen und können so verheimlichen, wessen Interessen sie im Parlament vertreten. Die Kommission hat ein neues Lobbyregister geschaffen, doch das ist freiwillig: Wer nicht mag, muss sich als Lobbyist nicht eintragen. Echte Transparenz sieht anders aus.

Brüsseler Beamte sind mit Sicherheit nicht korrupter als die anderer Verwaltungen. Dennoch muss die Kommission besonders transparent wirtschaften, transparenter als Regierungen oder Behörden von Mitgliedstaaten, damit sie das Vertrauen zurückgewinnt. So wie die Kommission mit ihren Kritikern wie dem niederländischen Abgeordneten Paul van Buitenen umgeht, lässt jedenfalls nicht darauf schließen, dass Offenheit ihr besonders wichtig ist. Auch das Parlament brauchte lange, um offensichtliche Missstände zu beseitigen: Da wurden Familienmitglieder als Bürokräfte beschäftigt, Nebentätigkeiten nicht deklariert, Mitarbeiterpauschalen falsch verwendet, Reise- und Bürokosten flossen in private Kassen. Erst spät verschärften die Parlamentarier die Regeln, als wäre es eine lästige Notwendigkeit, korrekt zu wirtschaften.

Korrupte Beamte und nachlässige Abgeordnete aufzuspüren gehört zu den Aufgaben des Amtes für Betrugsbekämpfung Olaf. Dort gehen jedes Jahr immer mehr Hinweise auf Fehlverhalten und Misswirtschaft in den Institutionen und den Mitgliedstaaten ein. Das muss nicht notwendigerweise heißen, dass Betrug in der EU zunimmt – es kann auch bedeuten, dass Olafs Bekanntheit wächst oder dass das Bewusstsein steigt, dass Fehlverhalten der Europäischen Union schadet.

Noch bremsen die Mitgliedstaaten die Kommission aus: Eigentlich sind sie nach den EU-Verträgen verpflichtet, die Mittel aus Brüssel ordentlich zu verwalten. Doch oft genug dulden sie Schlamperei, melden Betrugsfälle nicht fristgerecht oder gar nicht nach Brüssel und fordern die EU-Mittel nicht konsequent zurück: Wenn es um Geld aus der Gemeinschaftskasse geht, handeln die Nationalstaaten überraschend lax. Die Kommission, die dafür verantwortlich ist, dass der Haushalt korrekt ausgeführt und kontrolliert wird, hat ihrerseits gar nicht die Mittel und Leute, um vor Ort zu prüfen. Sie muss sich auf die Kontrollen der Mitgliedstaaten verlassen.

Die Antibetrugsbehörde Olaf, die eigentlich der Wachhund der Kommission sein soll, wird an der kurzen Leine gehalten. Das

Amt ist nicht wirklich unabhängig, sondern der Kommission unterstellt, was die Verfolgung von Betrug innerhalb der Kommission zu einer delikaten Angelegenheit macht. Olaf darf auch keine strafrechtlich relevanten Ermittlungen führen, das dürfen nur nationale Behörden, solange es keine echte europäische Polizei gibt. Olaf kann also, wenn Betrug in mehreren Mitgliedstaaten vorkommt, nur koordinieren und ist dabei auf das Wohlwollen der Behörden vor Ort angewiesen. Deshalb ist im – noch nicht gültigen – Vertrag von Lissabon das Amt eines europäischen Staatsanwaltes vorgesehen, der sowohl den Betrug innerhalb der EU-Institutionen effektiver verfolgen als auch grenzüberschreitend Ermittlungen anordnen könnte.

Betrugsbekämpfung ist nicht ein Ziel an sich, sondern Mittel zum Zweck. Die EU muss Betrug effizient bekämpfen, damit möglichst wenig Geld aus dem gemeinsamen Haushalt verloren geht. Weitaus wichtiger ist jedoch das Signal an die Bürger, dass Europa gut regiert wird. Denn wenn die Menschen die EU für betrügerisch halten, dann besteht die Gefahr, dass sie den Glauben an die Union verlieren. Korruption gibt es überall: Auch eine Stadtverwaltung ist dagegen nicht gefeit, Vorteilsnahme und Lobbyismus kommen in der Staatskanzlei eines Bundeslandes oder im Bundestag vor. Im Unterschied zur EU jedoch ist das Vertrauen in diese Institutionen gefestigt, es lässt sich nicht so leicht erschüttern. Von EU-Kommission und Parlament dagegen wissen viele Menschen wenig, EU-Politik ist bisher eine große Unbekannte geblieben, und Brüssel gilt als schwer durchschaubarer bürokratischer Dschungel.

Betrug zu Lasten der Europäischen Union liegt in der Natur der Gemeinschaft, hat der britische Politikwissenschaftler und Experte für organisiertes Verbrechen Bill Tupman es einmal drastisch formuliert. Als Gründe für die systemische Schwäche wären da zu nennen: eine höchst komplizierte, intransparente Politik von Einnahmen und Ausgaben; die Struktur der Union mit ihrer Verflechtung von Kompetenzen. Schlimmer noch: Es besteht ein regelrechter Interessenkonflikt zwischen Kommission und Mitgliedstaaten. Die Kommission hat ein großes Interesse daran, dass Missbrauch von EU-Mitteln aufgedeckt wird, doch sie hat gar nicht die Möglichkeiten, den Betrug vor Ort aufzuspüren. Anders die Mitgliedstaaten: Sie haben die Mittel, doch ihr Interesse ist gering.

Es ist schon schizophren: EU-Gegner werfen der Gemeinschaft vor, Geld zu verschleudern und korrupt zu sein. Zugleich sind sie es, die eine stärkere Integration – etwa in Form einer besseren Zusammenarbeit der Polizei und Justiz – verhindern. Fast könnte man meinen, dass den Euroskeptikern der Betrug willkommen ist – wie das Öl, welches das Feuer der Kritik an der EU am Brennen hält. Wenn Europa den Makel des Betrugs abschütteln will, wird die Gemeinschaft nicht umhinkommen, enger zusammenzuarbeiten. Europa darf nicht schwächer werden, im Gegenteil: Nur ein starkes Europa kann Betrug bekämpfen.

Bibliografie

Bertolf Busch: Die Zukunft der EU-Finanzierung – Beiträge kontra Steuern, Deutscher Instituts-Verlag, Köln 2007. Kleines Büchlein, das knapp, aber verständlich die Struktur des EU-Haushalts erklärt und mögliche Reformen skizziert.

Steffen Dagger u. Michael Kambeck (Hrsg.): Politikberatung und Lobbying in Brüssel, VS Verlag für Sozialwissenschaften, Wiesbaden 2007. Wenn der EU-Parlamentspräsident das Geleitwort schreibt, kann man nicht ein wirklich kritisches Buch erwarten. Trotzdem gibt der Sammelband mit Beiträgen von Lobbyisten, Politikberatern, EU-Beamten und Abgeordneten einen guten Überblick über Lobbyismus in Brüssel.

Andreas Geiger: EU Lobbying Handbook, Helios Media, Berlin 2006. Dieses Buch eines Lobbyisten liefert eine gute Übersicht der Vertretung von Firmen, Verbänden, Nichtregierungsorganisationen, Regierungen und Regionen.

Sylvie Goulard: Le coq et la perle – Cinquante ans d' Europe, Editions du Seuil, Paris 2007. Anlässlich der 50 Jahre Römische Verträge bilanziert die Präsidentin der Europäischen Bewegung Frankreich in einem hervorragend geschriebenen, leider bislang nicht übersetzten Band die gegenwärtigen Befindlichkeiten in der EU und appelliert an den Gemeinsinn der Europäer.

Justin Greenwood: Interest Representation in the European Union, Palgrave McMillan, London 2007. Ein wissenschaftliches Buch für Interessierte, das beschreibt, wie Interessen von Wirtschaft, Arbeitnehmern und Gesellschaft in Brüssel organisiert sind.

Bernard Lecherbonnier: Les lobbies à l' assault de l' Europe, Albin Michel, Paris 2007. Kenntnisreiches und pointiert geschriebenes Buch über Lobbyismus in Brüssel.

Irina Michalowitz: Lobbying in der EU, Facultas.wuv, Wien 2007. Zum Weiterlesen für Interessierte. Das wissenschaftliche Buch liefert eine umfangreiche Übersicht über Lobbyaktivitäten in Brüssel.

Florian Neuhann: Im Schatten der Integration – Olaf und die Bekämpfung von Korruption in der Europäischen Union, Nomos Verlag, Baden-Baden 2005. Eine gut geschriebene Analyse über Ausmaß und Folgen von Betrug sowie die Arbeit der EU-Betrugsbekämpfungsbehörde Olaf.

Bino Olivi, Allessandra Giacone: L' Europe difficile, Gallimard, Paris 2007. Schade, dass dieses Buch nicht ins Deutsche übersetzt ist, denn es ist eine faktenreiche und dennoch unterhaltsam geschriebene Geschichte der europäischen Integration.

Christian Philipp Schindler: Die Regionalpolitik der Europäischen Union, Institut für Wirtschaftspolitik an der Universität Köln, 2005. Für Interessierte, die mehr über die Regionalförderung wissen wollen, liefert diese Dissertation einen guten Überblick.

Paul van Buitenen: Korruptionskrieg in Brüssel, Brunnen Verlag, Basel 2004. Der Finanzbeamte Paul van Buitenen trug mit seinen Enthüllungen dazu bei, dass die Kommission von Jacques Santer 1999 zurücktreten musste. In dem Buch schildert er aus der persönlichen Perspektive, dass bei der Brüsseler Behörde weiterhin Betrug und Korruption vorkommen.

Hans-Herbert von Arnim: Das Europa-Komplott – wie EU-Funktionäre unsere Demokratie verscherbeln, Hanser, München 2006. Wie nicht anders vom Fundamentalkritiker Hans-Herbert von Arnim zu erwarten, denunziert dieses Buch die EU als intransparentes, elitäres Projekt.

Carolyn M. Warner: The best system money can buy – Corruption in the European Union, Cornell University Press, Ithaca 2007. Die US-Politikwissenschaftlerin hat ein umfangreiches Buch vorgelegt, in dem sie die Gründe für Korruption in den EU-Mitgliedstaaten analysiert.

Werner Weidenfeld und Wolfgang Wessels: Europa von A bis Z, Taschenbuch der Europäischen Integration, Nomos Verlag, Baden-Baden 2007. Das Standard-Nachschlagewerk über die EU und ihre Politik in der inzwischen 8. Auflage.

Wolfgang Wessels: Das politische System der Europäischen Union, VS Verlag für Sozialwissenschaften, Wiesbaden 2007. Das Standard-Lehrbuch über Institutionen und Funktionsweise der EU.